Le Rāmāyana de Grand-mère

Chandrakala S. Kammath

Mata Amritanandamayi Center
San Ramon, California, États-Unis

Le Rāmāyaṇa de Grand-mère
Chandrakala S. Kammath
Traduction du malayalam en anglais : Rajani Menon
Illustrations : Dinesh

Publication :
Mata Amritanandamayi Center
P.O. Box 613
San Ramon, CA 94583-0613, USA

International : www.amma.org

En France : www.amma-france.org

Préface

« Si nous assimilons le message du Rāmāyaṇa,
nous pouvons nous libérer de toutes les souffrances. »
— Amma

Si l'on veut former des êtres humains droits et cultivés, inculquons-leur de nobles valeurs dès leur plus jeune âge. Pour cela, rien de plus simple que de familiariser les enfants avec des récits qui parlent de Dieu. Les jeux divins de Śhrī Rāma, de Śhrī Kṛiṣhṇa et d'autres incarnations divines nous aident à comprendre le *dharma* (le code de conduite vertueuse). La vie de ces incarnations nous montre comment mener une vie conforme au *dharma*.

De nos jours, les enfants sont de moins en moins familiers avec les valeurs prônées par le *Sanatana dharma* (l'hindouisme), les principes de la spiritualité et les biographies des incarnations divines. C'est pour cette raison que nous avons traduit et publié *Grandma's Rāmāyaṇa*, paru en feuilleton chaque mois dans l'édition en malayāḷam du Matruvani. Le *Rāmāyaṇa de Grand-mère* est basé sur l'*Ādhyātma Rāmāyaṇa* de Ezhuttacchan, le père du malayāḷam. Il a été écrit par Chandrakala S. Kammath et traduit en anglais par Rajani Menon. Le style est agréable et facile à comprendre.

Autrefois, il appartenait aux grand-mères de raconter des histoires parlant de Dieu aux jeunes enfants. C'est ce qui a inspiré ce livre dans lequel une grand-mère raconte le *Rāmāyaṇa* à son petit-fils, le jeune Uṇṇi ; d'où le titre du livre. Nous vous suggérons de rassembler tous les enfants de la maison au moins une fois par semaine pour leur lire un chapitre du *Rāmāyaṇa de Grand-mère*. En le faisant régulièrement, vous rendrez le meilleur service possible aux générations à venir.

Écoutez (ou lisez) les récits dont Śhrī Ramachandra est le héros et réfléchissez-y. Cette contemplation favorise la croissance spirituelle. Dans le *Rāmāyaṇa*, on trouve des hymnes à la gloire de Dieu, l'histoire de nombreux dévots et des indications sur la manière de mener une vie juste. La lecture de ces récits fera de nos enfants des citoyens exemplaires et des êtres humains dotés d'une éthique.

Nous souhaitons que le *Rāmāyaṇa de Grand-mère* comble ces aspirations. Nous offrons ce livre à Amma en la priant humblement de répandre sa bénédiction sur cet ouvrage et sur ses lecteurs.

L'éditeur

Table des matières

Préface 3

1. Les paroles de Grand-mère 9

2. Histoire de Vālmīki 15

3. Naissance de Śhrī Rāma 19

4. L'arrivée de Viśhvāmitra 25

5. La fin de Tāṭakā 31

6. Libération d'Ahalyā 35

7. Le svayamvara de Sītā 39

8. L'humilité de Śhrī Rāma 45

9. Couronnement de Śhrī Rāma 49

10 La ruse de Mantharā 53

11. Vœux accordés à Kaikēyī 59

12. Arrêt du couronnement 63

13. Conseils à Lakṣhmaṇa 69

14. Ce que représentent Rāma et Sītā 73

15. Voyage vers la forêt et rencontre avec Guha 77

16. Haltes dans les ermitages de Bharadvāja et de Vālmīki 83

17. Mort de Daśharatha 87

18. Arrivée de Bharata 91

19. Bharata se rend dans la jungle 97

20. Dialogue entre Rāma et Bharata 101
21. L'entrée dans la forêt sombre et profonde 105
22. Visite chez le sage Agastya et rencontre de Jaṭāyu 109
23. Ils atteignent Pañcavaṭī. Śhūrpaṇakhā arrive 115
24. Mort de Khara. Śhūrpaṇakhā se lamente 119
25. Mise à mort de Mārīcha et enlèvement de Sītā 123
26. À la recherche de Sītā. Rencontre de Jaṭāyu 129
27. Histoire de Kabandha.
Passage à l'ashram de Śhabarī 133
28. Rencontre d'Hanumān. Amitié de Sugrīva 139
29. Cause de la rupture entre Vālī et Sugrīva 143
30. Mise à mort de Vālī 147
31. Dialogue entre Hanumān et Sugrīva.
Chagrin de Śhrī Rāma 153
32. L'histoire de Svayamprabhā 157
33. Les doutes d'Angada. Les paroles de Sampāti 163
34. Comment traverser la mer 169
35. Traversée de l'océan. Obstacles 173
36. Vision de Sītā. Approche de Rāvaṇa 179
37. Dialogue entre Hanumān et Sītā 183
38. À l'assaut de Lanka 189
39. Lanka est rasée. Retour d'Hanumān 193
40. L'armée de Rāma se met en route
pour vaincre Rāvaṇa 197

41. Conseil fraternel 201
42. Vibhīṣhaṇa se présente devant Śhrī Rāma 205
43. Construction du pont.
Dialogue entre Rāvaṇa et Śhuka 211
44. Histoire de Śhuka. Paroles de Mālyavān 215
45. La guerre commence 219
46. Les préparatifs de Rāvaṇa 225
47. Le plaidoyer pour la paix
de Kumbhakarṇa et sa mort 229
48. Mort d'Atikāya et victoire d'Indrajit 235
49. Hanumān part en quête de l'élixir.
Les stratagèmes de Kālanēmi 239
50. Les effets de l'élixir. Indrajit trouve la mort 245
51. Les lamentations de Rāvaṇa.
Son hōma est entravé 251
52. La bataille entre Rāma et Rāvaṇa 255
53. Arrivée d'Agastya. Hymne à Āditya 259
54. Mort de Rāvaṇa. Couronnement de Vibhīṣhaṇa 263
55. Rāma accepte Sītā. Hymne de Dēvēndra 267
56. Retour à Ayōdhyā 271
57. Rāma-rājya 275
Guide de la prononciation 281
Le Rāmāyaṇa en une strophe 283

1. Les paroles de Grand-mère

Uṇṇi et ses amis ouvrirent le portail et la petite troupe entra dans la cour. Ils revenaient juste de l'école. Grand-mère, assise dans la véranda de la maison, leur demanda : « Mes chers enfants, pourquoi rentrez-vous si tôt ? »

« Nous sommes venus cueillir des fleurs pour le *pūk-kaḷam d'Onam*[1]. Nous n'avons pas d'école demain. »

« Vous êtes tout en sueur et tout essoufflés », dit Grand-mère.

« C'est vrai ! En sortant de l'école, nous avons fait la course et sommes arrivés ici d'une seule traite », dit Unni.

Grand-mère rit : « Je vais faire de la limonade sucrée pour vous tous. Reposez-vous ici dans la véranda. »

---

[1] Onam : fête des moissons au Kérala. Les *pukkalams* sont des mandalas floraux (motifs floraux circulaires)

« Et si on cueillait des fleurs en attendant ? demanda Uṇṇi. Nous avons le temps de ramasser assez de fleurs avant que tu reviennes. »

Grand-mère entra dans la maison. Il y avait dans le jardin de nombreuses variétés de fleurs, même s'il y en avait moins que dans son enfance. Mais il y en avait assez pour que les enfants fassent un petit *pūkkaḷam* avec beaucoup de détails.

Quand elle revint avec la limonade, elle vit que les enfants avaient rempli deux paniers de fleurs. Elle leur servit de la limonade qu'ils sirotèrent avec bonheur. Grand-mère s'assit et reprit le *Rāmāyaṇa* qu'elle était en train de lire.

Un des amis d'Uṇṇi demanda : « Grand-mère, pourquoi est-ce que tu lis ce vieux conte tous les jours ? Tout le monde connaît cette histoire. Tu ne t'en lasses pas ? »

Grand-mère sourit à l'enfant en lui tapotant gentiment le menton. « Est-ce que tu diras non si je t'offre encore de la limonade sucrée demain ? »

« Non, s'écrièrent les enfants, nous voulons bien en boire tous les jours ! »

« Mais vous y avez déjà goûté. Et vous en voudrez quand même demain ? » demanda Grand-mère.

« Grand-mère, jamais nous ne refuserons ta limonade ! »

Grand-mère dit : « Les livres qui parlent de Dieu, qui racontent la vie des incarnations divines et les principes qui les sous-tendent peuvent sembler au départ ennuyeux et vieux jeu, jusqu'à ce qu'ils vous deviennent familiers. Ensuite, ils prennent le goût du nectar. On n'en a jamais assez. »

Les enfants se regardèrent : « On ne comprend pas, Grand-mère », dit l'un d'eux.

Grand-mère allongea les jambes : « Les enfants, à l'école vous apprenez des faits scientifiques que le cerveau peut prouver et dont les organes des sens peuvent faire l'expérience. Dieu est au-delà de l'intelligence humaine. Aucune expérience ne peut prouver l'existence de Dieu, la conscience divine qui imprègne cet univers. »

Les enfants gardèrent le silence un moment. L'un d'eux demanda : « Comment peut-on apprendre à connaître Dieu ? »

Grand-mère lui sourit tendrement : « Il y a de nombreuses façons de ressentir l'énergie divine, c'est-à-dire Dieu. Je vais vous donner quelques exemples. Regardez comme les fleurs que vous avez récoltées sont belles et colorées ! Elles n'ont pas toutes la même forme ni la même taille et chacune a son parfum propre. Une fleur ne s'épanouira jamais sur une plante d'une autre espèce.

À l'école, vous pourrez peut-être disséquer une fleur, découvrir ce qui lui donne sa couleur, de quoi elle est faite. Mais comment est-elle née ? Quelle force lui a insufflé la vie ?

Qui a créé les saisons ? Il y a une force invisible sous-jacente au rythme naturel de notre univers. Nous vivons tous en ce monde conformément à la volonté de cette grande force. »

Les enfants écoutaient, tout étonnés, les yeux écarquillés.

Montrant du doigt un arbre un peu plus loin, Grand-mère continua : « Mes chers enfants, vous voyez cet énorme banyan là-bas ? »

Les enfants hochèrent la tête.

« Avez-vous vu comme la graine de cet arbre est minuscule ? Comment un arbre aussi énorme a-t-il pu sortir d'une graine aussi minuscule ? Qui a créé la graine ?

Il y a tant d'autres miracles dans le monde : le soleil, la lune, les étoiles, les hautes montagnes, les vastes océans et toutes les créatures qui peuplent le monde. Toutes ces choses vivent comme si elles étaient programmées pour suivre certains schémas comportementaux. Qui leur a conféré ces tendances ?

Une force infinie et éternelle gouverne l'univers. On appelle Dieu cette force immense. Il est impossible de voir Dieu avec nos yeux humains mais Dieu, cette énergie primordiale, est en chacun de nous. Il est présent dans chaque atome.

L'eau n'est-elle pas partout la même, qu'il s'agisse d'une bulle à la surface de l'océan ou d'une énorme vague ? C'est pareil pour la conscience divine qui est présente dans tous les objets du monde, du plus grand au plus petit. »

Les enfants écoutaient avec attention.

Grand-mère s'arrêta un moment et regarda tendrement les enfants. Puis elle dit : « Nous appelons cette conscience divine notre Soi ou l'*ātma*. Nous l'appelons la bonté. Dieu est la vérité, l'amour et la compassion. Celui dont la vie est remplie de vérité, d'amour et de compassion a en lui les qualités divines.

Quand les aînés vous disent de ne pas mentir, de ne pas blesser les autres et d'être gentils et aimables envers autrui, ils essaient de faire de vous de nobles personnes, de vous faire devenir des enfants de Dieu.

Donc, en plus de ce qu'on vous enseigne à l'école, lisez aussi les *Purāṇas*, les histoires qui parlent des dieux et des déesses. Lisons les récits de la vie des *mahātmās,* (êtres éveillés) comme Śhrī Rāmakṛiṣhṇa Paramahamsa, Śhrī Nārāyaṇa, Swāmi Vivēkānanda, Rāmaṇa Maharṣhhi et Amma, la sainte indienne qui étreint les gens. Ces lectures peuvent nous aider à comprendre Dieu plus facilement. Lisez ces livres pendant vos vacances. »

« Oui, Grand-mère », s'exclamèrent avec enthousiasme les enfants.

Grand-mère les serra tous dans ses bras et embrassa chacun d'eux.

Uṇṇi demanda : « Grand-mère, si j'invite mes amis à venir ici pendant les vacances, tu nous raconteras des histoires du *Rāmāyaṇa* et du *Mahābhārata* ? »

« Bien sûr. Grand-mère rayonnait. Je suis là pour ça ! »

DINESH

2. Histoire de Vālmīki

Grand-mère s'adossa au muret de la véranda. Le déjeuner était terminé. Elle prit le journal. Tous les autres membres de la famille se reposaient après un bon repas. Unni n'avait jamais vu Grand-mère dormir dans la journée. Quand elle ne préparait pas à manger dans la cuisine, elle lisait. Elle racontait aussi beaucoup d'histoires à Uṇṇi. Ou bien elle s'asseyait tranquillement quelque part, les yeux fermés. Elle remuait les lèvres en silence. Uṇṇi savait alors que Grand-mère priait.

Uṇṇi courut se blottir sur ses genoux. Grand-mère posa son journal pour lui faire un câlin. « Qu'est-ce qu'il y a Uṇṇi ? Que veut mon gentil petit garçon ? »

« Grand-mère, il faut que tu me racontes quelque chose. »

« À quel sujet, mon garçon ? »

« Aujourd'hui, notre professeur de malayāḷam nous a demandé de faire une rédaction sur le Sage Vālmīki. Il nous a dit que c'était Vālmīki qui avait écrit le *Rāmāyaṇa*. Je ne sais rien de lui et je ne connais pas vraiment le *Rāmāyaṇa* non plus. »

« C'est tout ? » Heureuse, Grand-mère sourit. « Je vais te parler de Vālmīki et du *Rāmāyaṇa* qu'il a écrit. Je vais te raconter toutes les histoires tirées du *Rāmāyaṇa*. Mais il faudra plusieurs jours pour tout intégrer. »

« D'accord. » Uṇṇi était soulagé. Il savait que sa grand-mère allait l'aider. « Commence par me parler de Vālmīki parce que je dois écrire une rédaction à son sujet et la montrer demain au professeur. »

Grand-mère se mit à parler, lentement et doucement : « En écoutant l'histoire du sage Vālmīki, nous comprendrons comment un homme mauvais peut devenir un être humain sage et compatissant. Écoute bien, Uṇṇi. Il s'appelait Ratnākaran. Enfant, il avait eu de mauvaises fréquentations. Il attaquait les voyageurs et dérobait leurs biens. Il devint un bandit féroce. Il grandit, se maria et eut de nombreux enfants. Il continua à voler pour subvenir aux besoins de sa famille. Il ne culpabilisait pas du tout de voler l'argent et les biens d'autrui. Il était vraiment méchant.

Un jour que le sage Nārada se promenait dans la forêt avec d'autres ermites, Ratnākaran leur tendit une embuscade et leur dit : « Ô sages ! Donnez-moi tout ce que vous avez. Je ne vous libérerai pas avant d'avoir tout ce que vous possédez. Si vous tenez à la vie, donnez-moi tout. »

Imperturbables, les sages lui demandèrent : « Comment t'appelles-tu ? »

« Ratnākaran. »

« Tu commets un grave péché », dit l'un des sages.

« Quel péché ? demanda Ratnākaran. C'est pour ma famille que je vole. En quoi est-ce un péché ? Je n'ai pas d'autre moyen de subvenir aux besoins de ma famille. »

Le sage Nārada lui demanda alors : « Ta femme et tes enfants sont-ils prêts à partager le fardeau de péchés que tu encours ? »

Ratnākaran ne répondit rien.

Nārada lui dit : « Va chez toi poser la question à ta femme et à tes enfants et reviens avec la réponse. Nous t'attendrons ici. Les sages n'ont qu'une parole. »

Le voleur courut chez lui. Quand il vit sa femme, il lui demanda : « Tu partageras le poids de mes péchés, n'est-ce pas ? »

Sa femme répondit sans hésitation : « Non ! Pourquoi devrais-je partager tes péchés et souffrir en enfer ? Tu peux être sûr que je ne partagerai jamais tes péchés ! »

Ses enfants aussi refusèrent de partager ses péchés.

Ratnākaran retourna à l'endroit où les sages l'attendaient et implora leur pardon. Les sages lui conseillèrent de réciter « *Marā... marā...* » sans arrêt et de méditer sur ce mot.

Uṇṇi écoutait attentivement. Grand-mère lui demanda : « Quand tu récites continuellement *Marā... marā...* qu'est-ce que cela donne ? »

Uṇṇi ferma les yeux et répéta : « *Marā... marām... marāma... rāma... rāma... rāma...* » Il fut vite essoufflé. « Grand-mère, cela donne Rāma, dit-il avec un large sourire, waouh, quelle bonne idée ! »

« Ratnākaran s'assit sous un arbre, ferma les yeux, se mit à réciter le mantra et s'absorba rapidement dans une profonde méditation, inconscient du passage des jours, des mois et des années. Son esprit était absorbé dans le Seigneur Rāma. Les termites construisirent leur monticule autour de lui. En sānskṛiit, termite se dit « Vālmīkam ». De nombreuses années plus tard, le sage Nārada et les autres ermites repassèrent par là. Ils entendirent la répétition constante de Rāma... Rāma... Rāma... Rāma... Rāma... Rāma... émanant de l'énorme termitière. Ils dégagèrent le monticule et en sortirent Ratnākaran. Comme il avait émergé du *vālmīkam*, on l'appela Vālmīki. »

Uṇṇi regarda Grand-mère les yeux écarquillés d'étonnement. « Grand-mère, Vālmīki devait être un grand sage ! » s'exclama-t-il.

« Oui, Uṇṇi », dit Grand-mère, ravie de l'enthousiasme de son jeune auditeur.

« Le Seigneur Rāma et Vālmīki étaient des contemporains. Le *Rāmāyaṇa* se compose de 24.000 vers. On dit que c'est le premier poème épique et on considère Vālmīki comme le premier poète épique. »

Les yeux d'Uṇṇi brillaient de joie. Grand-mère dit : « C'est assez pour aujourd'hui, Uṇṇi. Va faire ta rédaction sur Vālmīki et apporte-moi ce que tu auras écrit. S'il y a des fautes, Grand-mère corrigera la grammaire. »

Uṇṇi se leva. « D'accord, Grand-mère, mais promets-moi de me raconter l'histoire du *Rāmāyaṇa* à partir de demain. »

Grand-mère hocha la tête. Uṇṇi l'embrassa sur les deux joues et rentra en courant.

Même un être très mauvais peut devenir sage et bon grâce au satsang[2]. Recherchez la compagnie d'êtres nobles. Leur conversation apaisera votre esprit et vous ouvrira le cœur. Écoutez leurs paroles de sagesse. Adhérez à ce qu'ils disent. La bonté remplira votre vie. Grâce au satsang et à la mise en pratique de nobles enseignements, chacun peut devenir un être humain parfait.

---

2 'Communion avec la vérité.' Le *satsang* comprend les discours sur des sujets spirituels ou la compagnie des saints.

3. Naissance de Śhrī Rāma

Uṇṇi ferma précipitamment son manuel et courut vers Grand-mère. En voyant son air pressé, Grand-mère comprit qu'il était impatient d'écouter le *Rāmāyaṇa.* « Grand-mère, j'ai fini mes devoirs. Je me suis aussi préparé à l'examen de demain. »

« C'est bien, mon garçon ! Maintenant, écoute bien. Daśharatha était un grand et puissant roi de la *Sūryavamśha* (dynastie solaire). Il gouvernait bien Ayōdhyā et pendant son règne, le pays demeura en paix et prospéra. Ses sujets le vénéraient. Mais le roi était triste. Sais-tu pourquoi, Uṇṇi ? Il n'y avait pas d'héritier du trône. Il avait pourtant trois épouses, Kausalyā, Kaikēyī et Sumitrā, mais aucune d'elles ne lui avait donné de fils. »

« Oh, c'est triste ! dit Uṇṇi, comme le pauvre roi aurait aimé avoir un bébé pour jouer avec lui. »

Grand-mère poursuivit : « Daśharatha se prosterna aux pieds de son guru, Vasiṣhṭha, en disant : « Je suis très triste de ne pas pouvoir avoir de fils. S'il te plaît, dis-moi comment engendrer un héritier au trône. »

« Invite le Sage Ṛiṣhyaśhṛinga à accomplir le *putrakāmēṣhṭi yāgā*[3] », répondit guru Vasiṣhṭha.

« Qui est Ṛiṣhyaśhṛinga? » demanda Uṇṇi.

[3] Rituel sacré accompli pour la procréation d'enfants

« C'était un grand sage qui avait fait tomber la pluie au pays d'Anga en proie à la sécheresse. Je te raconterai son histoire une autre fois. »

Uṇṇi hocha la tête.

« Ṛiṣhyaśhṛinga fut invité à Ayōdhyā et il accomplit un grand *yajña* (sacrifice rituel du feu) au bord de la rivière Sarayū. Alors qu'il versait des oblations dans le feu, le dieu du feu surgit de l'intérieur du foyer. Il tenait un pot de *pāyasam* (dessert sucré). Il dit : « Ô grand roi, ce *pāyasam* est divin. Donnes-en une portion à chacune de tes femmes et elles te donneront des fils. »

Avec beaucoup de révérence, Daśharatha reçut le pot des mains du dieu du feu. Il divisa le *pāyasam* en deux et donna une part à Kausalyā et une à Kaikēyī. Celles-ci divisèrent à leur tour ce qu'elles avaient reçu et chacune donna la moitié de sa part à Sumitrā. Les trois reines conçurent. Le premier à naître fut le fils de Kausalyā. Né sous l'étoile *puṇartam*, il s'agissait du Seigneur Rāmachandra. Le fils de Kaikēyī, Bharata, naquit le lendemain sous l'étoile *pūyam*. Le troisième jour, Sumitrā donna naissance à des jumeaux, sous l'étoile *āyilyam*. Ils furent nommés Lakṣhmaṇa et Śhatrughna. Le roi, ses reines et tout le royaume se réjouirent de la naissance de ces quatre bébés garçons. »

Uṇṇi serra la main de sa Grand-mère et murmura : « Je sais pourquoi il y a eu des jumeaux ! »

« Pourquoi ? »

« Parce que Kausalyā et Kaikēyī avaient chacune donné la moitié de leur part à Sumitrā ! »

Grand-mère se mit à rire, heureuse de l'attention dont faisait preuve son petit-fils. « Oui, Uṇṇi. Il y a une leçon très importante à tirer de cet épisode : partageons toujours ce que nous avons avec les autres, même les cadeaux spéciaux et les glaces. Partager nous rend plus soucieux des autres et plus prévenants. Maintenant, laisse-moi te dire le secret de la naissance des quatre garçons. »

« Il y a un secret ? » Uṇṇi se rapprocha de sa grand-mère. Il avait posé la tête doucement sur sa poitrine. Grand-mère caressa la douce chevelure de son petit-fils et continua.

« Oui, il y a un secret. Un roi *asura* (démon) cruel nommé Rāvaṇa régnait sur Lanka. Pendant de nombreuses années, il fit de grandes austérités afin de s'attirer les grâces du Seigneur Brahmā. Satisfait de Rāvaṇa, le Seigneur Brahmā lui apparut et l'encouragea à demander n'importe quelle faveur.

Rāvaṇa déclara : « Fais de moi le Seigneur du monde entier. Fais que je ne puisse être tué que par un être humain. »

Rāvaṇa savait qu'aucun petit être humain ne pourrait rivaliser avec son immense force et son habileté. Brahmā lui accorda ce vœu. Rāvaṇa conquit les trois mondes et se mit à régner comme il l'entendait. Nombre de ses actions étaient injustes. Même les êtres célestes avaient peur de lui. Les sages ne pouvaient plus accomplir leurs *tapas* (austérités) ni les rituels du feu. Rāvaṇa était devenu invincible. Il devint arrogant.

Incapables de supporter le fardeau de sa méchanceté, Bhūmi-dēvi (déesse de la Terre) et d'autres êtres célestes vinrent implorer la protection du Seigneur Viṣhṇu qui préserve l'univers. Il écouta le récit de leurs peines et les réconforta : « Ne vous inquiétez pas. Repartez en paix. Je vais m'incarner sur Terre pour détruire le maléfique

Rāvaṇa et sa race d'*asuras* (démons). Je naîtrai en tant que fils du roi Daśharatha d'Ayōdhyā. »

Uṇṇi écoutait attentivement les paroles de sa grand-mère.

Elle poursuivit : « Śhrī Rāmachandra était l'incarnation du Seigneur Viṣhṇu. Lakṣhmaṇa, Bharata et Śhatrughna étaient également des incarnations partielles du Seigneur. Les êtres célestes naquirent sous la forme de singes. Le Seigneur Rāmachandra naquit en ce monde pour tuer les *asuras* (démons) et débarrasser le monde du mal, pour remettre l'humanité sur le droit chemin. »

Le visage d'Uṇṇi rayonnait et dans ses yeux se lisait le respect et l'émerveillement.

Grand-mère serra Uṇṇi très fort dans ses bras et dit : « Dieu est toujours plein de compassion, Uṇṇi. Lorsque le mal prospère, le Seigneur s'incarne pour détruire le mal et rétablir la vertu. Auparavant, le Seigneur s'était déjà incarné sous la forme de Matsya (le poisson divin), de Kūrma (la tortue divine) et de Varāha (le sanglier divin), lorsque le mal ravageait le monde. Là, Il s'est incarné en Śhrī Rāmachandra, la personnification du *dharma* (ce qui est juste, la Loi divine). »

Si un être mauvais devient très puissant, il conduira le monde à sa perte. Le seul moyen de résister à ce mal, c'est de prendre refuge dans le Seigneur. Même si les méchants sont très forts, Dieu s'incarnera pour les détruire grâce aux prières des êtres nobles.

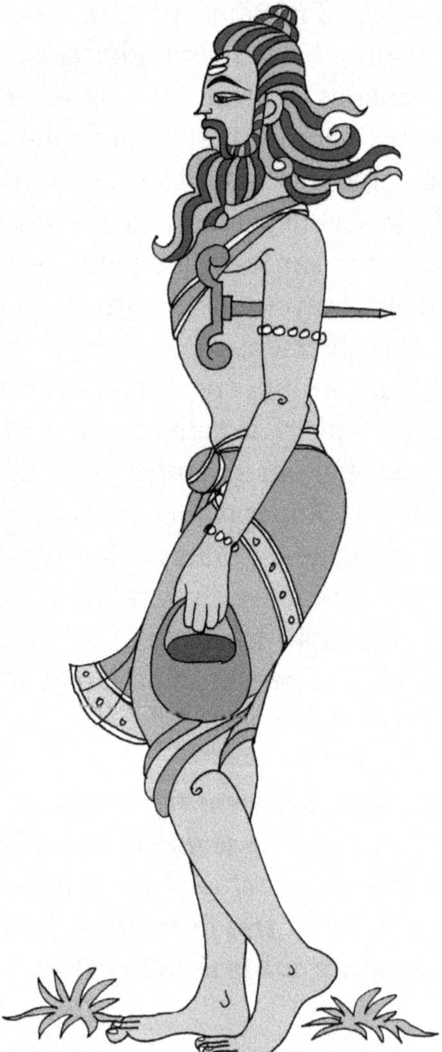

4. L'arrivée de Viśhvāmitra

Śhrīkuṭṭi, la petite soeur d'Uṇṇi était allongée sur les genoux de Grand-mère. Uṇṇi courut vers elles et demanda : « Qu'est-ce qui est arrivé à Śhrīkuṭṭi, Grand-mère ? »

Grand-mère répondit : « Elle a un peu de fièvre. Je la laisse dormir sur mes genoux. Pauvre enfant ! Elle risquerait de pleurer si je la mettais au lit. »

« Je veux entendre d'autres histoires du *Rāmāyaṇa.* » Uṇṇi se blottit contre sa grand-mère. « Śhrīkuṭṭi est endormie. Peux-tu me raconter d'autres histoires de Rāma ? »

« Où en étais-je, Uṇṇi ? demanda Grand-mère. Ah oui, j'y suis : Rāma, Lakṣhmaṇa, Bharata et Śhatrughna étaient nés. Je t'ai également raconté le secret de leur naissance. Très bien, continuons.

Les quatre princes, les fils du roi Daśharatha, étaient chéris non seulement par leurs parents, mais aussi par le peuple d'Ayōdhyā. Ils grandirent, mais sans jamais se battre ou se disputer entre eux. Ils étaient unis en pensée et en action. Et pourtant, leur relation avait quelque chose de particulier. Rāma et Lakṣhmaṇa étaient inséparables, tout comme l'étaient Bharata et Śhatrughna. Peut-être était-ce parce que Sumitrā avait mangé la moitié des parts de *pāyasam* de Kausalyā et de Kaikēyī. La part de *pāyasam* de Kausalyā avait donné Lakṣhmaṇa, et celle de Kaikēyī avait donné Śhatrughna. Les quatre fils se comprenaient parfaitement. Leurs parents se comportaient avec impartialité à leur égard. Śhrī Rāma était aussi cher à Kaikēyī que la prunelle de ses yeux.

Le moment arriva pour les garçons de commencer leur éducation. Dans les temps anciens, il n'y avait pas d'écoles. La coutume était d'aller chez le guru, d'y vivre et d'apprendre à son contact. Les quatre garçons étant des princes, ils restèrent au palais et reçurent l'enseignement du guru de leur famille, le vénérable sage Vasiṣhṭha. Pour les princes, la première étape de l'apprentissage des *Vēdas*[4] fut la cérémonie du cordon sacré appelée *upanayana*. Vasiṣhṭha leur enseigna ensuite les *Vēdas* et d'autres *śhāstras* (sciences). Ils devinrent d'habiles archers. Śhrī Rāma n'avait pas son pareil pour tirer à l'arc. Il allait chasser en forêt pour tuer des animaux féroces qui menaçaient la vie et la sécurité des citoyens ; il rapportait leurs cadavres et les déposait aux pieds de son père.

Même si Śhrī Rāma était une incarnation divine, sa vie quotidienne donnait un exemple parfait aux habitants du royaume. Il se réveillait tôt le matin, faisait sa toilette, récitait ses mantras, récitait son *archana*[5], puis touchait les pieds de ses parents en signe de respect et d'affection. Il apprenait également les lois civiles et morales du pays pour se préparer à régner plus tard. Ses trois frères apprirent eux-aussi la science de l'administration.

Quand les jeunes princes partaient à la chasse, les habitants d'Ayōdhyā faisaient la haie sur leur passage. Tout le monde à Ayōdhyā partageait la fierté et la joie du roi et

[4] Les plus anciens de tous les textes sacrés. Provenant de Dieu, les *Vēdas* n'ont pas été composés par un auteur humain, ils ont été « révélés » aux antiques prophètes lors de profondes méditations.
[5] Récitation d'une litanie de noms divins

de ses épouses royales. Le royaume baignait dans un halo divin. La paix et la prospérité régnaient. »

Grand-mère déclara alors solennellement : « C'est alors qu'il arriva quelque chose qui attrista et effraya le roi et ses reines. »

Uṇṇi sursauta. « Quoi, Grand-mère ? demanda-t-il anxieusement. Que s'est-il passé ? »

« Attends, Uṇṇi. Laisse-moi finir, dit Grand-mère. Il y avait un autre sage appelé Viśhvāmitra, aussi savant et vénéré que le sage Vasiṣhṭha. Viśhvāmitra était un *brahmaṛiṣhi*,[6] un titre qu'il avait mérité à force de longues et intenses austérités spirituelles. Le roi Daśharatha le reçut avec beaucoup d'honneur et de respect et lui demanda : « Ô grand sage, à quoi devons-nous l'honneur de ta visite ? »

Viśhvāmitra avait eu vent de la naissance du Seigneur Rāma et des raisons de sa naissance. Son cœur brûlait du désir de voir le jeune prince. Sa visite avait aussi d'autres motifs. « J'ai une petite faveur à demander », dit Viśhvāmitra. Le roi accepta de bon cœur d'apporter au sage toute l'aide dont il avait besoin.

« Chaque mois, j'accomplis un rituel vēdique pour attirer les bonnes grâces des dieux et de nos ancêtres, mais il est régulièrement perturbé par les démons Mārīcha et Subāhu. Je t'en prie, envoie les princes Rāma et Lakṣhmaṇa afin qu'ils tuent les démons et protègent le *yajña*. Tu n'en retireras que du bien, ô grand roi miséricordieux », dit le sage.

Le roi se figea, sidéré. Ses enfants chéris étaient nés après de longues années de prières et de chagrin. Comment se résoudre à les envoyer affronter ces féroces démons ?

[6] Le plus noble d'entre les sages

Ses deux jeunes enfants ne feraient sûrement pas le poids face à leurs ruses démoniaques.

Mais Daśharatha ne pouvait pas non plus refuser la requête du sage puisqu'il lui avait déjà donné sa parole. Plongé dans l'embarras, incapable de se décider, il demanda conseil à son guru, Vasiṣhṭha. « Que dois-je faire ? Plutôt mourir que de voir partir Rāma ! »

Vasiṣhṭha réconforta le père désemparé : « Laisse-moi te dire un grand secret. Le prince Rāma n'est pas un mortel ordinaire, c'est une incarnation divine. C'est le Seigneur Viṣhṇu Lui-même qui vous est né de Kausalyā et de votre altesse royale. »

Le visage d'Uṇṇi rayonnait de joie. Il dit : « Waouh, quelle histoire passionnante ! »

Grand-mère sourit.

« Vasiṣhṭha dit : « Ô roi, dans ta dernière vie, tu t'appelais Kaśhyapa Prajāpati. Kausalyā, ta première épouse s'appelait Aditi. Vous avez tous deux prié avec ferveur pour que le Seigneur Viṣhṇu s'incarne comme votre fils. Vos prières ont été exaucées dans cette vie-ci. Le Seigneur Viṣhṇu vous est né, prenant la forme du prince Rāma. Le serpent du Seigneur, Ananta, est le prince Lakṣhmaṇa. La conque et le *Sudarśhana Chakra* (disque) du Seigneur ont été réincarnés en Bharata et Śhatrughna. N'ayez aucune crainte. Laissez Rāma et Lakṣhmaṇa accompagner le sage Viśhvāmitra. »

Daśharatha fut grandement soulagé. Il accepta de laisser Rāma et Lakṣhmaṇa accompagner le sage. »

Grand-mère caressa Uṇṇi qui s'était blotti contre elle. « Uṇṇi, le *Rāmāyaṇa* est une pièce de théâtre écrite et mise en scène par le Seigneur Lui-même ; il en va de même pour notre vie.

Même s'il nous arrive d'hésiter, le Seigneur veillera à ce que nous jouions notre rôle avec courage. »

> ***Les dirigeants d'un pays ont le devoir de lutter contre la criminalité et l'injustice. L'attachement à leur famille, la crainte d'un danger imminent, la paresse et l'égoïsme ne doivent pas les pousser à ignorer la douleur et la souffrance de leurs sujets. Il leur faut nommer des fonctionnaires compétents afin de soulager les souffrances de la population et de garantir la paix et la prospérité.***

5. La fin de Tāṭakā

Aujourd'hui Māḷu, la mère d'Uṇṇi, a rejoint son fils pour écouter Grand-mère raconter les aventures du prince Rāma d'Ayōdhyā. Mālu dit à sa mère : « Amma (maman), je n'ai pas le temps de lire le *Rāmāyaṇa.* Alors, j'ai pensé que je pouvais profiter de l'histoire avec Uṇṇi. J'ai rangé la maison et terminé la cuisine. Maintenant, je peux me détendre et m'asseoir avec vous deux. » Elle fit un câlin à Uṇṇi.

Grand-mère dit : « Très bien, ma fille. Il est toujours bénéfique d'écouter les aventures des incarnations divines. »

Elle commença : « Viśhvāmitra quitta le palais avec Rāma et Lakṣhmaṇa. Les jeunes princes marchaient aux côtés du sage, un carquois rempli de flèches sur le dos et de solides arcs à la main. Après avoir parcouru une longue distance, Viśhvāmitra dit : « Ô Rāma ! Ô Lakṣhmaṇa ! Vous n'avez jamais connu ni la faim ni la soif et la route sera longue. Je vais vous initier tous les deux à deux mantras divins : *bala* et *atibala*. La récitation de ces mantras apaisera votre faim et votre soif et vous donnera des forces. »

Les jeunes princes déjouèrent la faim et la soif grâce aux deux mantras divins. Ils traversèrent la rivière le Gange et pénétrèrent dans une forêt épaisse et sombre. Viśhvāmitra les mit en garde : « Cette forêt est connue sous le nom de Tāṭakāvanam car elle abrite une démone féroce nommée Tāṭakā. Elle peut changer de forme à volonté. Personne ne traverse cette forêt car elle attaque et tue tous les voyageurs. Par conséquent, Rāmachandra, tu dois tuer cette démone ! Cela n'aura aucune conséquence fâcheuse pour toi. »

Śhrī Rāma fit doucement vibrer son arc. En réponse à son défi, Tāṭakā apparut en rugissant devant eux, son énorme bouche béante révélait des dents acérées prêtes à déchiqueter les princes. Elle changea de forme à plusieurs reprises, essayant d'effrayer les courageux princes. Elle leur lança d'énormes rochers et des arbres.

Visant soigneusement, Rāma décocha une flèche qui atteignit sa cible et la féroce démone tomba raide morte, son énorme carcasse venant s'écraser comme une montagne sur le sol.

Du cadavre de Tāṭakā émergea une adorable *yakṣhī*, un être céleste. Maudite, elle avait été condamnée à renaître sous les traits d'une démone. Rāma l'avait libérée. Avec beaucoup de joie et de révérence, elle se prosterna aux pieds de Śhrī Rāma et partit rejoindre sa demeure céleste. »

Uṇṇi sourit de bonheur. Il était extrêmement fier de la vaillance et de la compassion de Rāma.

« Viśhvāmitra était également très satisfait de la bravoure et du calme dont les deux princes avaient fait preuve. Il leur enseigna le maniement de différentes armes divines. Ils passèrent la nuit à Kāmashram et partirent pour Siddhashram le lendemain. Ces ashrams abritaient des sages de la forêt. »

Grand-mère marqua une pause : « Uṇṇi, tu comprends cette histoire ? Je la simplifie beaucoup pour mon petit-fils chéri. »

Uṇṇi hocha gravement la tête. « Grand-mère, pendant que tu racontais l'histoire, je marchais avec Śhrī Rāma et Lakṣhmaṇa dans la forêt obscure. »

Grand-mère plongea son regard dans les yeux de son petit-fils. « Très bien », murmura-t-elle doucement.

La mère d'Uṇṇi demanda : « Amma, Siddhashram est bien l'ashram de Viśhvāmitra, n'est-ce pas ? »

« Oui, ma fille. À leur arrivée, tous les sages vinrent à leur rencontre pour les saluer humblement et avec amour.

Viśhvāmitra expliqua aux jeunes princes : « Rāma et Lakṣhmaṇa, c'est ici que je conduis le *yajña*. Dès que je commence, les *rākṣhasas* viennent voler dans les cieux et déversent sang, viande et abats dans le feu sacré. Ils souillent ainsi l'autel et ses alentours, nous obligeant à abandonner le *yajña*. Vous devez détruire les *rākṣhasas* pour nous permettre de mener le *yajña* à bien. »

Śhrī Rāma répondit : « Montrez-nous les fauteurs de troubles. Mes flèches ne manqueront pas leur cible. »

Viśhvāmitra termina les préparatifs du *yajña*. Le feu s'embrasa dans le *hōma-kuṇḍa*, le foyer sacrificiel. Aussitôt, des hordes de *rākṣhasas* assombrirent le ciel. Une pluie de sang inonda le *hōma-kuṇḍa* et ses alentours.

Subāhu et Mārīcha, les fils de Tāṭakā, étaient les chefs des *rākṣhasas*. Śhrī Rāma décocha deux flèches. L'une d'elles transperça la poitrine de Subāhu qui tomba raide mort par terre. Mārīcha prit la fuite, mais la flèche le suivit infailliblement alors qu'il se précipitait vers l'océan. Terrifié, Mārīcha s'écria : « Au secours, au secours ! » et il finit par prendre refuge en Śhrī Rāma. Le prince compatissant pardonna au *rākṣhasa* et rappela la flèche. À partir de ce jour, Mārīcha devint un véritable dévot du Seigneur Rāma.

Les flèches de Lakṣhmaṇa tuèrent les autres *rākṣhasas*. Ainsi, le *yajña* fut mené à bien. Du haut des cieux, les dieux reconnaissants et les autres êtres célestes répandirent des pétales de fleurs sur laTerre, et tout particulièrement sur les deux valeureux princes. Les cohortes célestes chantèrent des hymnes à la gloire de Rāma et de Lakṣhmaṇa. La joie de Viśhvāmitra était sans borne. Il serra les deux nobles princes dans ses bras, les régala de mets savoureux et d'histoires tirées des *Purāṇas.*

Le quatrième jour, après un bon repos, Viśhvāmitra dit : « Ne perdons plus de temps. Allons au royaume de Vidarbha, où le roi Janaka effectue un grand *yajña.* Dans son palais, se trouve un arc spécial appelé le *tryambaka.* Nous devons tous aller voir cet arc. »

Accompagné de Rāma et de Lakṣhmaṇa, le sage partit alors pour Vidarbha. »

Ne perdons pas de temps à paresser. Terminons à temps toutes les tâches qu'il nous faut accomplir. Le temps perdu ne se rattrape jamais. Le temps est très précieux.

6. Libération d'Ahalyā

Uṇṇi, sa mère et sa grand-mère étaient assis dans la salle de *pūjā* (salle de prières). Uṇṇi grimpa sur les genoux de Grand-mère et s'installa pour écouter les aventures des braves princes d'Ayōdhyā.

Grand-mère dit : « Il fallut à Viśhvāmitra, Rāma et Lakṣhmaṇa de nombreux jours de marche pour atteindre l'ashram du sage Gautama, au bord du Gange. La beauté de l'endroit fascina les deux garçons. Des arbres lourdement chargés de fruits, des arbustes fleuris et des plantes grimpantes faisaient de l'ermitage un lieu d'une beauté paradisiaque. Et pourtant, l'endroit semblait déserté. Rāma et Lakṣhmaṇa ne voyaient ni oiseaux, ni animaux, ni êtres humains autour de l'ermitage. Śhrī Rāma demanda : « Qui vit dans cet ermitage ? »

Viśhvāmitra répondit : « C'est l'ermitage du sage Gautama. Pendant de nombreuses années, le grand ascète vécut ici heureux avec Ahalyā, son épouse dévouée, une femme d'une beauté ravissante. Gautama était heureux des soins affectueux qu'elle lui prodiguait. Dēvēndra (également connu sous le nom d'Indra), le chef des dieux, vit un jour Ahalyā et fut instantanément captivé par sa beauté. Il voulut qu'Ahalyā lui appartienne. Dēvēndra pouvait changer de forme à volonté.

Prenant la forme du sage Gautama, il se glissa près de la hutte et imita le chant du coq pour annoncer l'aube. Pensant que l'aube pointait, Gautama se leva et descendit

Dinesh

se baigner dans le Gange. Dēvēndra en profita pour entrer dans le Parṇaśhāla, la hutte du sage et de sa femme. Ahalyā pensa que le sage était revenu, elle l'accueillit.

Entre-temps, lorsqu'il atteignit les rives du Gange, Gautama se rendit compte que le soleil ne se lèverait pas avant plusieurs heures et il se hâta de retourner à l'ashram. Et que vit-il à son retour ? »

« Quoi, Grand-mère ? » demanda Uṇṇi en retenant son souffle.

« Il vit Dēvēndra et Ahalyā perdus l'un dans l'autre. Sentant le danger, Dēvēndra tomba aux pieds de Gautama et implora son pardon car il savait que le sage pouvait le réduire en cendres. Brûlant de rage, Gautama maudit à la fois Dēvēndra et Ahalyā : Dēvēndra deviendrait la risée du monde entier. Il maudit aussi Ahalyā qui avait accepté Dēvēndra bien qu'elle l'eût reconnu malgré son apparence : « Puisses-tu devenir une pierre exposée à la chaleur et au froid, à la pluie et au soleil. »

Ahalyā implora d'être libérée de la malédiction. Le cœur du sage s'adoucit un peu. Il dit : « Reste ici et récite constamment le nom de Rāma avec beaucoup de dévotion. Pas une seule créature ne s'approchera de cet endroit. Dans de nombreux siècles, les fils du roi Daśharatha, Rāma et Lakṣhmaṇa, viendront par ici. Lorsque les pieds de Rāma, qui est une incarnation du Seigneur Viṣhṇu, te toucheront, tu retrouveras ta pureté et ta forme magnifique. Je t'accueillerai alors à nouveau dans ma vie. »

Viśhvāmitra désigna à Rāma une pierre qui gisait devant la hutte. Il dit : « Rāma, cette pierre est Ahalyā, elle est absorbée dans une profonde méditation, elle récite constamment le puissant nom de Rāma depuis de nombreux siècles. Libère-la de la malédiction en la touchant de tes pieds sacrés. »

Śhrī Rāma posa doucement le pied sur la pierre. La pierre disparut instantanément et la belle Ahalyā apparut debout devant lui, les paumes jointes en signe de dévotion. Rāma la rassura doucement : « Je suis Rāma. » Ahalyā était transportée de joie, plongée dans l'extase. Elle avait patiemment attendu le Seigneur, accomplissant de sévères pénitences et récitant son nom avec dévotion. Un hymne à la gloire de Śhrī Rāma s'éleva de son cœur et elle chanta les louanges du jeune prince. Ahalyā chanta la gloire du Seigneur et ses attributs divins, ainsi que les principes qui l'avaient conduit à naître.

Nous devrions tous lire le chant qu'Ahalyā composa à la gloire du Seigneur Rāma. C'est vraiment un hymne magnifique.

Gautama arriva alors à l'ermitage et Ahalyā se réconcilia avec lui.

« Uṇṇi, dit Grand-mère, quand tu seras grand, il faudra que tu lises cet hymne composé par Ahalyā. D'accord ? »

Uṇṇi hocha la tête.

Sa mère demanda : « Même si nous commettons de graves erreurs, si notre dévotion est sincère et que nous nous repentons vraiment, Dieu nous apparaîtra, n'est-ce pas ? »

Grand-mère sourit affectueusement à sa fille et déclara : « Oui, sans aucun doute. »

La dévotion est une lumière intérieure. La lumière de la dévotion nous guide vers Dieu.

7. Le svayamvara de Sītā

Grand-mère alluma la lampe à huile. Uṇṇi et Māḷu attendaient avec impatience. Grand-mère regarda leurs visages qui brillaient à la lumière de la lampe. Uṇṇi lui demanda : « Rāma et Lakṣhmaṇa se rendent à Mithilāpuri avec le sage Viśhvāmitra, n'est-ce pas ? Ils ont quitté Gautamashram une fois que Rāma a eu libéré Ahalyā. »

Grand-mère répondit : « Oui, Viśhvāmitra déclara qu'il n'y avait plus de temps à perdre et tous trois se mirent en route pour Mithilāpuri. Le sage savait que le moment était venu pour Rāma d'accomplir ce pour quoi il s'était incarné. Ils traversèrent le Gange et atteignirent Mithilāpuri. Le roi Janaka, qui avait entendu parler de leur arrivée, les escorta personnellement jusqu'à son palais. Il était très heureux de voir ses invités, les deux princes et le vénérable sage, et il les salua chaleureusement. Il regarda les deux princes, l'un rayonnant comme le soleil et l'autre comme la lune. Il demanda au sage Viśhvāmitra : « Qui sont ces deux garçons ? Leurs visages sont lumineux. Ils ressemblent véritablement à Nara-nārāyaṇa.[7] » Le roi Janaka, un *rājarṣhi* (un saint de sang royal), avait été en mesure de discerner la nature divine des deux frères.

Viśhvāmitra répondit : « Ce sont les fils du brave roi Daśharatha. Voici Rāma, le fils aîné, et voici Lakṣhmaṇa, le troisième né. Je les ai emmenés à Siddhashram pour

[7] Combinaison de l'humain *(nara)* et du Suprême *(Narayana)* ; frères jumeaux, incarnation du Seigneur Visnu.

protéger le saint *yajña* des *rākṣhasas* et si nécessaire, pour les tuer. En chemin, la démone Tāṭakā a tenté de les attaquer. Rāma l'a achevée d'une seule flèche. Les autres démons, qui tentèrent de souiller mon *yajña*, furent également tués par les flèches infaillibles des deux princes. Ils protégèrent ainsi le *yajña*. Au passage, Śhrī Rāma a libéré Ahalyā que la terrible malédiction du sage Gautama avait transformée en pierre. Ils sont venus voir ici le magnifique *tryambaka*, l'arc célèbre du Seigneur Paramēśhvara. »

Le roi Janaka avait quatre filles. Sītā était l'aînée. Cependant, elle n'était pas la descendante biologique de Janaka. Elle avait été trouvée dans le sillon d'un champ qu'on labourait pour un *yajña*. C'était une fille d'une beauté extraordinaire et de nature divine. On l'avait appelée Sītā. Le roi Janaka l'avait élevée comme sa propre fille.

Maintenant, laissez-moi vous révéler le secret de la naissance de Sītā. Elle était en réalité Lakṣhmi Dēvī qui s'était incarnée pour épouser le Seigneur Rāma et l'aider à accomplir ce pour quoi il s'était manifesté sur Terre. La beauté de Sītā était indescriptible. Elle était pure et courageuse. Par sa simple présence, elle répandait le bonheur autour d'elle. Très versée dans les Écritures, Sita avait appris beaucoup de choses de son guru. Ses sœurs cadettes, nées de Janaka, s'appelaient Urmiḷā, Māṇḍavī et Śhrutakīrti.

Afin de trouver un époux digne de sa bien-aimée Sītā, le roi Janaka avait organisé un concours. Il avait déclaré qu'il offrirait la main de Sītā au prince qui serait capable de soulever l'énorme arc *tryambaka* et de le bander. De nombreux princes s'y essayèrent sans parvenir à déplacer, ne serait-ce que d'un pouce, l'arc énorme et très lourd. Le roi Janaka avait confiance : un bon prince viendrait, digne de Sītā.

Lorsque Viśhvāmitra demanda au roi Janaka de montrer aux jeunes princes cet arc formidable, Janaka pensa secrètement : « Si seulement Rāma pouvait bander l'arc... » Le roi ordonna à son ministre d'apporter l'arc sur-le-champ. Il fallut près de cinq mille personnes pour soulever l'arc et l'apporter devant les princes. Śhrī Rāma se prosterna devant l'arc. Puis, se tournant vers Viśhvāmitra, il demanda humblement : « Puis-je soulever l'arc ? Et le bander ? »

Uṇṇi ouvrit de grands yeux ronds. Il avait du mal à respirer. Grand-mère sentait qu'il était là-bas, au royaume de Mithilā, avec ses héros, les deux jeunes princes d'Ayōdhyā.

Viśhvāmitra répondit : « Ô Rāma, tu le peux, si tel est ton souhait ! »

Souriant, le jeune prince s'approcha du puissant arc du Seigneur Śhiva et souleva le *tryambaka* sans effort. Lorsqu'il le banda, sa force brisa l'arc. Le son de l'arc brisé résonna dans les quatorze mondes. Les gens restèrent médusés. Du haut de leur demeure céleste, les dieux et les nymphes célestes répandirent des fleurs à cet endroit. Les princes qui avaient essayé en vain de faire bouger l'arc divin frémissaient de peur et d'étonnement. Transporté de joie, le roi Janaka étreignit Śhrī Rāma. Le cœur de Sītā débordait de joie. Avec l'aide de ses suivantes, elle revêtit les atours nuptiaux. Vêtue de soie et parée de bijoux raffinés, Sītā s'approcha de Śhrī Rāma, tenant la guirlande nuptiale. Elle s'approcha du prince, sourit timidement et lui passa la guirlande autour du cou. Des vagues de joie submergèrent le pays de Mithilā. »

Uṇṇi poussa un profond soupir. Sortant lentement de sa rêverie, il dit : « C'est merveilleux, Grand-mère, d'écouter l'histoire de Rāma ! »

Māḷu, la mère d'Uṇṇi, dit : « Il ne suffit pas d'écouter les histoires, Uṇṇi. Tu dois assimiler les grandes vérités inscrites dans le *Rāmāyaṇa.* »

Imitons l'humilité et le comportement affectueux du roi Janaka envers ses invités. Śhrī Rāma demanda la permission de Viśhvāmitra et attendit patiemment que le sage donne son accord avant de soulever le tryambaka, alors qu'il savait qu'il n'aurait aucun mal à tendre l'arc.

8. L'humilité de Śhrī Rāma

Grand-mère entra dans la salle de *pūjā* et alluma la lampe à huile. Elle appela son petit-fils : « Uṇṇi, viens ! Demande à ta mère de venir aussi. Je vous attends dans la salle de *pūjā.* » La mère et le fils entrèrent dans la salle de *pūjā.*

« Grand-mère, tu décrivais le *svayamvara* de Sītā »[8], rappela Uṇṇi à sa grand-mère.

« Je m'en souviens bien, Uṇṇi. Médite sur Śhrī Rāma et écoute la suite de l'histoire. »

Grand-mère poursuivit : « Le roi Janaka était extrêmement heureux qu'un prince valeureux soit venu épouser sa fille Sītā. Il demanda au sage Viśhvāmitra de transmettre sans délai la nouvelle au roi Daśharatha.

Tous deux s'assirent et rédigèrent une lettre décrivant les événements de la journée. Ils envoyèrent le courrier à Ayōdhyā par l'intermédiaire de messagers royaux. Dès la réception de l'heureuse nouvelle, le roi Daśharatha se mit en route pour Ayōdhyā avec ses épouses, ses fils Śhatrughna et Bharata, ainsi que son guru Vasiṣhṭha et l'épouse de celui-ci, Arundhati-dēvī. Ils étaient précédés par un orchestre de musiciens jouant une musique d'apparat.

Janaka et son guru Shatānanda les attendaient. Le roi les salua chaleureusement. Rāma et Lakṣhmaṇa se prosternèrent devant leurs parents, leur guru et son épouse.

---

[8] Pratique consistant à choisir un mari parmi un éventail de prétendants

Les frères échangèrent des nouvelles et exprimèrent leur bonheur de se retrouver.

Le roi Janaka dit au roi Daśharatha : « J'ai quatre filles et vous avez quatre fils. Ce serait un grand honneur pour moi si vous acceptiez de marier les quatre princes à mes quatre filles. »

Daśharatha était parfaitement d'accord. Les sages Vasiṣhṭha, Viśhvāmitra et Shatānanda fixèrent une date propice pour les quatre mariages. En ce beau jour, le Seigneur Rāma épousa Sītā et Lakṣhmaṇa épousa Urmiḷā. Māṇḍavī devint l'épouse de Bharata et Śhrutakīrti épousa Śhatrughna. Les fêtes nuptiales durèrent plusieurs jours. Le roi Janaka offrit à ses filles des vêtements de soie, des récipients en or et des bijoux constellés de pierres précieuses et de perles. Il offrit à Śhrī Rāma des éléphants, des chevaux, des serviteurs, des soldats, des chars et un grand coffret de pierres précieuses.

Lorsque les festivités prirent fin, Daśharatha demanda la permission de partir et fit ses adieux au roi Janaka et à sa femme. Il prit le chemin du retour vers Ayōdhyā avec ses épouses, ses princes et leurs épouses, au son d'une musique joyeuse. L'atmosphère était imprégnée du parfum du bois de santal et du musc, et des vapeurs de safran rosissaient l'air. Ravis, tous reprirent le chemin du pays d'Ayōdhyā. »

Grand-mère baissa la voix pour dire : « C'est alors que cela leur arriva. »

Uṇṇi ouvrit des yeux grands comme des soucoupes. Sa voix tremblait d'anxiété quand il demanda : « Que leur arriva-t-il, Grand-mère ? »

Grand-mère dit : « Paraśhurāma, le fléau de la race des *kṣhatriya* (guerriers), se tenait au milieu du chemin, barrant la route au cortège. Il brandissait sa hache, menaçant, son puissant arc et ses flèches en bandoulière. Son corps frémissait d'une rage incontrôlée.

Voyant Paraśhurāma s'approcher d'eux avec la fureur d'une tornade, Daśharatha prit peur. Quelle fureur terrible !

Le visage de Paraśhurāma flamboyait comme le soleil au zénith. Daśharatha s'arrêta devant Paraśhurāma et, les paumes humblement jointes, il le supplia de leur épargner sa fureur vengeresse.

Mais la colère de Paraśhurāma ne faiblit pas. Il dit : « Faites-moi savoir qui d'autre que moi répond au nom de Rāma. On me dit qu'il a brisé le puissant arc de Śhiva et épousé la princesse Sītā. Je porte l'arc de Viṣhṇu. Si Rāma en a le courage, qu'il essaie de le soulever et de le tendre. S'il n'y parvient pas, je vous anéantirai tous. Sachez que je suis l'impitoyable ennemi des *kṣhatriyas.* »

Śhrī Rāma resta calme et posé. Il s'adressa au furieux Paraśhurāma : « Ô être compatissant, je ne suis qu'un jeune homme. Comment pourrais-je t'affronter au combat ? Je ne suis ni féru dans l'art de la guerre ni habile au tir à l'arc. Néanmoins, comme tu nous détruirais si je ne relevais pas ton défi, je vais tenter de bander l'arc de Viṣhṇu. Je te prie de me le remettre. »

Śhrī Rāma accepta alors l'arc des mains de Paraśhurāma. Sais-tu ce qui arriva ensuite, Uṇṇi ? Avec autant de facilité que s'il cueillait et jetait une fleur, Śhrī Rāma prit l'arc et le banda.

Paraśhurāma comprit que Śhrī Rāma était une incarnation du Seigneur Viṣhṇu. Il fit le tour du jeune prince avec beaucoup de dévotion et chanta un hymne à sa louange. Il partit ensuite dans les monts Mahēndra pour y accomplir d'intenses pénitences. Daśharatha et son entourage poursuivirent leur route vers Ayōdhyā.

Uṇṇi, quand tu seras grand, il faudra que tu lises le bel hymne que Paraśhurāma a chanté à la gloire de Śhrī Rāma. Tu voudras bien, mon très cher petit-fils ? »

Uṇṇi hocha solennellement la tête.

Même si nous sommes intelligents et que nous occupons des postes élevés, ne soyons pas orgueilleux. L'orgueil précède la chute. Dans la vie, la véritable victoire, ce n'est ni la richesse ni la position sociale, c'est l'humilité et la douceur. Voyez l'humilité et la douceur de Śhrī Rāma.

9. Couronnement de Śhrī Rāma

Ce jour-là, Uṇṇi et sa mère attendaient Grand-mère à l'intérieur de la salle de *pūjā*. Grand-mère arriva toute fraîche au sortir du bain et vint s'asseoir à côté de sa fille et de son petit-fils. Māḷu alluma la lampe à huile.

Grand-mère reprit l'histoire de Śhrī Rāma. « Le roi Daśharatha était heureux que ses quatre fils aient épousé quatre belles princesses aux manières agréables et aux mœurs irréprochables. Non seulement le roi mais la population et le pays tout entier d'Ayōdhyā se réjouissaient de leur bonne fortune. Ayōdhyā ressemblait au paradis. Le roi aimait ses quatre fils, mais il éprouvait un amour extrême pour Śhrī Rāma, son prince héritier. Daśharatha ne pouvait pas quitter Rāma un seul jour. Il ne pouvait même pas supporter l'idée d'être séparé de Rāma. Il aimait et respectait ses trois épouses, mais il aimait par-dessus tout la belle Kaikēyī.

Il advint que le frère de Kaikēyī demanda aux princes Bharata et Śhatrughna de venir passer quelque temps chez lui au pays de Kaikēya. Daśharatha accepta et les deux princes partirent pour Kaikēya. Rāma et Lakṣhmaṇa restèrent à Ayōdhyā. C'est alors qu'une pensée surgit dans l'esprit du roi Daśharatha. Il voulait couronner le prince Rāma et lui remettre les rênes du royaume. Il convoqua le sage Vasiṣhṭha et dit : « Ô Guru, je me fais vieux. Je souhaite donc couronner Rāma sans plus attendre. Une pensée m'habite constamment : il doit être couronné roi au plus tôt et au moment le plus propice. » Le roi ajouta : « Śhrī Rāma est aimé de tous à Ayōdhyā. Je n'ai qu'un seul regret : Bharata et Śhatrughna ne sont pas ici, car ils sont partis à la demande de mon beau-frère visiter son royaume. Mais n'attendons pas. Procédons à la cérémonie de couronnement. »

Guru Vasiṣhṭha dit : « Dans ce cas, le moment le plus propice pour la cérémonie, c'est demain matin. »

« Alors, couronnons Rāma demain ! » décida le roi. Il ordonna que l'on prenne immédiatement les dispositions nécessaires pour le couronnement.

Suivant les instructions de guru Vasiṣhṭha, le premier ministre Sumantra supervisa les préparatifs les plus raffinés.

Puis-je te raconter en quoi consistaient ces préparatifs, Uṇṇi ? Des éléphants aux défenses dorées, des bannières gaiement décorées, des processions en musique, un millier de pots en or remplis d'eau consacrée et recouverts de feuilles de santal, des colliers précieux, de belles dames portant des lampes allumées pour accueillir le prince, les préparatifs n'en finissaient pas. Le pays avait un air de fête. Les gens étaient heureux et tout excités. Le couronnement promettait d'être une grande fête. Après avoir veillé aux préparatifs du couronnement, le sage Vasiṣhṭha se rendit au palais du jeune prince pour l'informer de son accession au trône le lendemain.

Rāma lava les pieds du sage avec de l'eau sacrée et s'en aspergea la tête. Tout en informant le jeune prince du couronnement, le sage lui révéla également que Brahmā, créateur de l'univers, lui avait dit que Śhrī Rāma était l'incarnation du Seigneur Viṣhṇu. Le sage rappela à Śhrī Rāma le secret de sa naissance. Quand il fut parti, Rāma annonça la nouvelle de son couronnement imminent à Lakṣhmaṇa qui en fut ravi. »

Grand-mère s'arrêta et regarda Uṇṇi : « Uṇṇi, tu écoutes bien ? Tu suis l'histoire ? »

« Oui. S'il te plaît, continue, Grand-mère. »

« Un courtisan, qui avait écouté Daśharatha et Vasiṣhṭha discuter du couronnement, courut chez Kausalyā lui annoncer la bonne nouvelle. Kausalyā pria immédiatement la déesse Lakṣhmī de guider son fils. Pendant les préparatifs, le sage Nārada rencontra secrètement Śhrī Rāma. Il lui dit : « Rāma, le roi Daśharatha a décidé de te couronner roi. Je suis venu ici pour te rappeler la mission secrète que tu dois accomplir pendant ton incarnation. Tu es né pour détruire le maléfique *rākṣhasa* Rāvaṇa et ses sbires. Je sais que tu es omniscient, mais je suis venu te rappeler une fois de plus ta mission divine. »

Śhrī Rāma dit calmement : « Ô sage, je n'ai pas oublié ma mission et je ne manquerai jamais à ma parole. Mais il y a un moment juste pour chaque chose. J'attends le moment opportun. Il est arrivé. Je quitterai Ayōdhyā dès demain pour accomplir le but de ma naissance. »

Nārada, heureux et soulagé, quitta le palais pour retourner au pays des dieux. Personne d'autre à Ayōdhyā n'était au courant de cette conversation. »

Il y a un temps et un lieu pour tout. Il faut attendre le bon moment. Même une incarnation de Dieu attend le bon moment pour agir.

10 La ruse de Mantharā

Uṇṇi demanda à sa grand-mère : « Que s'est-il passé ensuite, Grand-mère ? Śhrī Rāma a-t-il été couronné roi d'Ayōdhyā ? »

Grand-mère répondit : « Ne me bouscule pas, Uṇṇi. Écoute patiemment la suite de l'histoire du grand prince Rāma. »

Uṇṇi sourit et hocha la tête.

« Les habitants d'Ayōdhyā débordaient de joie. Ils aimaient Rāma et souhaitaient le voir couronné. Des fleurs jonchaient les chemins royaux. L'air était imprégné de leur parfum. Des bannières colorées pendaient aux balcons des maisons. Des habitants des royaumes voisins commencèrent à affluer à Ayōdhyā pour assister aux magnifiques fêtes du couronnement.

Mantharā était une femme de chambre de la reine Kaikēyī depuis l'enfance de celle-ci. Elle était bossue. Quand Mantharā apprit que Śhrī Rāma allait être couronné roi le lendemain matin, cette nouvelle l'inquiéta. Son visage s'assombrit et son cœur se remplit de pensées cruelles. D'un pas décidé, elle se dirigea vers le palais de Kaikēyī.

Par les fenêtres du palais, Kaikēyī observait les préparatifs qui se déroulaient dehors dans les rues. Elle se tourna vers Mantharā quand celle-ci entra dans la chambre. « Mantharā, que se passe-t-il ? Pourquoi la ville est-elle si brillamment décorée ? »

Avec beaucoup de dépit et de mépris, Mantharā dit : « Pauvre insensée, tu passes tes journées dans l'ignorance. Tu es en grand danger. Le roi a décidé de couronner Rāma. Tu assistes aux préparatifs de la cérémonie. »

Kaikēyī était ravie ! Elle enleva un collier d'or qu'elle portait au cou et l'offrit à Mantharā pour la récompenser d'avoir apporté une aussi bonne nouvelle. « Cette nouvelle me remplit de joie ! En quoi pourrait-elle nous fâcher ? Rāma m'est plus cher que Bharata et je suis plus chère à Rāma que sa propre mère, Kausalyā. J'aime Rāma et j'ai confiance en lui. Mantharā, c'est stupide, qu'est-ce qui te fait penser que je vais être en danger ? »

Mantharā était une forte tête, elle décida de pervertir l'attitude de Kaikēyī envers Śhrī Rāma. Elle dit : « Pauvre sotte ! Tu ne comprends pas que le roi est en train de te trahir. Quelqu'un t'a-t-il informé du couronnement qui aura lieu demain ? Kausalyā et Sumitrā ont déjà été informées. Elles ont commencé leurs célébrations. Le roi a joué de perfidie en envoyant Śhatrughna et Bharata à Kaikēya pour que la cérémonie du couronnement se déroule en leur absence. Lorsque Rāma deviendra roi, Kausalyā deviendra reine-mère. Je me demande ce que tu deviendras alors ! Tu deviendras probablement la servante de Kausalyā. Bharata mènera la vie d'un esclave. Il pourrait être exilé du royaume ou même exécuté ! Plutôt mourir que de vivre en étant la servante de Kausalyā ! »

La peur envahit Kaikēyī. Des doutes surgirent dans son esprit. Elle dit : « Je suis d'accord avec ce que tu dis. Mais même si les choses tournent ainsi, que puis-je faire pour l'empêcher ? »

Mantharā assura : « Je vais te dire, moi, comment gérer la situation. Kaikēyī, tu m'es aussi chère que la prunelle de mes yeux. Je vais te donner un conseil pour que tu puisses vivre heureuse. » L'esprit de Kaikēyī tomba dans le piège tendu par Mantharā. Elle écouta avidement la méchante servante.

Mantharā poursuivit : « Te souviens-tu de la bataille entre les dieux et les démons ? Tu avais accompagné le roi Daśharatha lors de son voyage vers le ciel. Au milieu de la lutte, le moyeu d'une des roues du char du roi s'était brisé. Tu avais inséré ta main à l'endroit du moyeu cassé et tu n'avais pas bougé, bravant la douleur, pour protéger le roi et lui permettre de continuer à combattre. Je me suis toujours demandé comment tu avais pu endurer une douleur aussi abominable pour l'amour de ton mari. Pour te remercier, le roi avait promis de t'accorder deux vœux. Tu avais dit au roi que tu lui demanderais ces faveurs le moment venu. Le roi avait accepté. Tu ne te rappelles pas ? »

« Bien sûr que je m'en souviens, dit Kaikēyī. Mais qu'est-ce que je suis censée faire maintenant ? »

« Écoute Kaikēyī, dit Mantharā, exige que le roi t'accorde tes deux vœux maintenant. Demande comme premier vœu que Rāma soit banni dans la forêt pendant quatorze ans. Pour le deuxième vœu, exige que Bharata soit couronné roi. Va tout de suite t'allonger dans la salle de la colère. Enlève tous tes bijoux, mets des vêtements souillés et allonge-toi par terre. Lorsque le roi viendra te chercher pour t'annoncer la nouvelle du couronnement de Rāma, exige qu'il exauce tes deux vœux. Sur ce, je m'en vais. »

Kaikeyi dit : « Je resterai allongée dans la salle de la colère jusqu'à ce que le roi m'accorde ces deux vœux. S'il refuse, je quitterai mon corps ! »

Mantharā répondit : « Si tu restes ferme et résolue, tes exigences seront satisfaites, il n'y a aucun doute là-dessus. » Sur ce, elle quitta le palais, ravie d'avoir pu corrompre le mental de Kaikēyī. »

Māḷu, la mère d'Uṇṇi, commenta : « Quelle que soit la bonté d'un être humain, s'il se retrouve en mauvaise compagnie, il arrivera un moment où tout le monde le haïra. N'ai-je pas raison, mère ? Kaikēyī est devenue aussi vile et intrigante que Mantharā. »

Grand-mère répondit : « Tu as raison, Māḷu, mais nous ne pouvons donner tort à personne dans ce cas. Mantharā devait prononcer ces paroles pour que Śhrī Rāma puisse accomplir ce pour quoi Il s'était incarné. Elle n'était qu'un instrument entre les mains de Dieu. »

Aussi bon soit-il, un homme perd toutes ses nobles qualités s'il a de mauvaises fréquentations. Soyons donc toujours attentifs à nous protéger des mauvaises influences.

11. Vœux accordés à Kaikēyī

Grand-mère, Māḷu et Uṇṇi entrèrent dans la salle de *pūjā*. Uṇṇi dit : « Tu disais que Kaikēyī se rendait dans la salle de la colère. Qu'est-ce que c'est, Grand-mère ? »

Grand-mère répondit : « C'est une pièce dans laquelle on va quand quelque chose nous rend furieux. Kaikēyī entra dans la pièce pour que les autres personnes du palais sachent qu'elle était en colère. Elle jeta ses bijoux précieux, se roula par terre et salit ses vêtements. Prenant son visage dans ses mains, elle se mit à pleurer. Le *khol* et le *sindūr* rouge souillèrent son visage.

Pendant ce temps, Daśharatha, qui avait informé son conseil des ministres du couronnement de Rāma, entra dans le palais des reines pour leur annoncer la bonne nouvelle. Comme Kaikēyī était sa préférée, il alla la voir en premier. Il la chercha partout, en vain. C'était bizarre car elle était toujours là pour l'accueillir avec amour lorsqu'il entrait dans son palais. Où pouvait-elle bien être ?

Il demanda aux servantes de Kaikēyī qui lui dirent : « Ô roi, notre maîtresse est entrée dans la salle de la colère, mais nous ne savons pas pourquoi. S'il vous plaît, allez-y pour découvrir la raison de sa colère. »

Daśharatha se précipita dans la salle. Il vit une Kaikēyī bouleversée qui se roulait par terre en criant et en hurlant. Ses cheveux étaient défaits et ses vêtements souillés. Alarmé par ce spectacle, Daśharatha s'assit par terre auprès d'elle et demanda à sa bien-aimée : « Kaikēyī, que s'est-il passé ? Pourquoi es-tu si triste et si fâchée ? Qui t'a mise dans un tel état ? Qui que ce soit, je suis prêt à le tuer ! Dis-moi ce que tu veux et je veillerai à ce que ton souhait soit exaucé. » Il ajouta : « Je jure au nom de Śhrī Rāma, qui m'est plus cher que la vie, que je t'accorderai ce que tu désires. »

À ces mots, Kaikēyī se redressa. Elle savait que le roi tenait toujours sa parole. Elle dit : « Je sais que tu es toujours fidèle à ta parole. Alors, écoute-moi bien. Il y a longtemps, je t'ai sauvé la vie sur le champ de bataille en empêchant ton char de s'effondrer au milieu de la bataille entre les dieux et les démons. J'espère que tu n'as pas oublié les deux vœux que tu m'avais promis d'exaucer ce jour-là. Aujourd'hui, je veux que tu les exauces. Premièrement, tu dois couronner Bharata roi d'Ayōdhyā. Deuxièmement, tu dois bannir Śhrī Rāma dans la forêt pendant quatorze ans. Si tu ne m'accordes pas ces deux vœux, je mettrai fin à mes jours, n'en doute pas ! »

À ces mots, Daśharatha s'évanouit et s'effondra à terre. Chaque fois qu'il reprenait conscience par intermittence, il pleurait pitoyablement. Au bout de quelque temps, il regarda Kaikēyī avec crainte, comme s'il était face à une tigresse cruelle. D'un ton affligé, il lui demanda : « Que t'est-il arrivé, Kaikēyī ? Que t'a fait Rāma ? Comment s'est-il attiré ton courroux ? Ne t'est-il pas très cher ? Pourquoi prononces-tu des mots aussi cruels ? »

Daśharatha ajouta : « Je couronnerai Bharata roi d'Ayōdhyā. Mais pourquoi bannir Rāma dans la forêt ? N'aie pas peur de lui. Il ne laissera jamais aucun mal t'arriver. Que Bharata soit roi. Mais je t'en prie, n'exige pas que Rāma soit exilé dans la jungle ! »

Kaikēyī répondit avec véhémence : « Tu as juré au nom de Śhrī Rāma que tu honorerais ta promesse. Seras-tu parjure ? Si tu ne bannis pas Śhrī Rāma dans la forêt d'ici demain matin, je mettrai fin à mes jours ! »

Daśharatha était incapable d'envisager l'idée d'être séparé de son si précieux Rāma. Il gisait par terre, perdant souvent connaissance, hurlant : « Rāma ! Ô Rāma, mon fils chéri ! » Il se lamenta ainsi toute la nuit.

Les vœux qu'il avait autrefois promis d'accorder à Kaikēyī s'avéraient être sa perte. D'une part, il était confronté à l'entêtement de Kaikēyī et d'autre part, à la pensée déchirante du bannissement de Śhrī Rāma. Daśharatha avait l'impression de se noyer dans un océan de chagrin.

Personne d'autre n'était au courant de ce qui se passait. Les sujets attendaient avec impatience le couronnement de Śhrī Rāma. Vasiṣhṭha supervisait les somptueux préparatifs.

Lorsque les chanteurs du palais arrivèrent le matin pour réveiller le roi avec leurs chants, Kaikēyī les arrêta sans ménagement, à leur grande inquiétude.

Jeunes et vieux, hommes, femmes et enfants affluaient dans la capitale pour assister à cet événement historique. Ils n'avaient pas dormi de la nuit, occupés à célébrer l'ascension imminente au trône de leur prince préféré. Ils se languissaient de voir Rāma revêtu des habits royaux et paré d'une couronne sertie de joyaux. Ils attendaient cela avec impatience. »

Réfléchissons à deux fois avant de donner notre parole à qui que ce soit, car il ne faut jamais

manquer à sa parole. Sinon, bien des personnes pourraient avoir à en subir les conséquences. Ne faites jamais de promesses sous l'impulsion du moment. Réfléchissez toujours bien avant d'agir.

12. Arrêt du couronnement

Aujourd'hui, c'est Māḷu qui arriva la première et alluma la lampe à huile dans la salle de *pūja*. Grand-mère et Uṇṇi la suivirent. Uṇṇi décora de guirlandes les images des dieux. Il y avait une image de Rāma et de Lakṣhmaṇa brandissant des arcs et des flèches. La déesse Sītā était à la gauche de Rāma. Hanumān était prosterné à ses pieds avec amour et dévotion. Grand-mère contempla longuement l'image qui venait tout juste d'être ornée de la guirlande. Ses yeux se remplirent de larmes de dévotion.

Grand-mère déclara : « Continuons, Uṇṇi. Étendu à même le sol, Daśharatha suppliait Kaikēyī d'avoir pitié, il semblait avoir perdu la raison. En proie à l'angoisse, il ne cessait de gémir : « Rāma... Rāma... mon fils... ». Ne se doutant pas le moins du monde de la tragédie qui se déroulait, Sumantra vint pour voir le roi. Le premier ministre fut choqué de le voir gisant allongé sur le sol dans un tel état. Il demanda à Kaikēyī qui restait debout sans rien faire à côté du roi : « Ô Kaikēyī, pourquoi le roi est-il si bouleversé ? De grâce, dites-moi ce qui s'est passé ! »

Kaikēyī répondit : « Le roi n'a pas pu dormir la nuit dernière car il pensait constamment à Rāma dont il répétait le nom. Il est désemparé à cause de Rāma. Si Rāma vient le voir, tous ses soucis disparaîtront. Par conséquent, veuille immédiatement appeler Rāma auprès de son père ! »

Sumantra attendit l'ordre du roi qui dit : « Amène-moi mon beau prince. Je veux le voir maintenant ! » Sumantra se rendit auprès de Rāma et l'informa de l'état du roi. Rāma se rendit aussitôt au palais avec Lakṣhmaṇa. Le spectacle que les princes virent en arrivant était déchirant : Daśharatha gisait à terre, désespéré. En voyant Rāma, il tendit les mains vers son fils en criant : « Rāma ! Rāma ! » avant de perdre connaissance.

Rāma s'agenouilla et posa la tête de son père sur ses genoux. Certaines des femmes du palais, soupçonnant que quelque chose n'allait pas, accoururent à la suite des princes. Lorsqu'elles virent le roi gisant par terre, elles se lamentèrent à grand bruit. Quand il entendit leurs gémissements, Vasiṣhṭha arriva sur les lieux.

Rāma demanda : « Pourquoi mon père est-il si contrarié ? Quelqu'un peut-il m'expliquer ? »

Kaikēyī prit la parole : « Il y a longtemps, ton père m'a promis d'exaucer deux vœux de mon choix. Il est contrarié parce qu'il ne sait pas comment te le dire. Toi seul peux faire en sorte qu'il ne revienne pas sur sa parole. »

« Oh, c'est tout ? » demanda Śhrī Rāma, l'air soulagé. « J'obéirai à tous les ordres de mon père. Ne sais-tu pas que moi, son fils, je suis tenu d'honorer sa parole, quoi qu'il arrive ? Ô mère, dis-moi, que veux-tu que je fasse ? Quoi que ce soit, je te donne ma parole que je t'obéirai. »

Sans hésiter le moins du monde, Kaikēyī lui annonça : « J'ai exigé deux choses de ton père : d'abord, que mon fils Bharata soit couronné roi avec tous les objets sacrés qui sont rassemblés et préparés pour ton couronnement ; ensuite, que tu revêtes la tenue des ascètes pour aller vivre en forêt pendant quatorze ans. »

En entendant cela, Śhrī Rāma demanda à son père : « Ô père, pourquoi as-tu hésité à me dire tout cela ? Que Bharata soit couronné roi ! Il est capable de gouverner le royaume. Je vais me mettre en route pour la forêt à l'instant même. Ô père, cesse de t'affliger ! »

Daśharatha répondit : « Mon fils, je ne peux pas vivre sans toi, ne serait-ce qu'un seul instant. Empare-toi de moi et jette-moi au fond d'un cachot. Tu peux régner. Il ne t'arrivera aucun mal. »

Rāma répondit : « Pourquoi te désoler devant la tournure des événements ? J'ai la force de renoncer au royaume et de vivre en ermite dans la forêt pendant quatorze ans. Je vais aller demander sa bénédiction à mère Kausalyā, informer Sītā, et me mettre immédiatement en route pour la forêt. »

Lorsque Śhrī Rāma entra dans le palais de Kausalyā, il vit sa mère assise dans la salle de *pūjā*. Elle méditait pour le bonheur de son fils. Sumitrā tira Kausalyā de sa profonde méditation et lui annonça l'arrivée de Rāma. Kausalyā vint l'accueillir et l'embrasser sur le front : « Pourquoi es-tu si pâle, Rāma ? As-tu faim ? Viens, laisse-moi te servir à manger ! »

L'affection de sa mère attrista Rāma. Contrôlant ses émotions, il lui dit : « Non, mère. Je n'ai pas le temps de manger avec toi maintenant. Je vais vivre dans la forêt durant quatorze ans. Mon père a accordé deux vœux à mère Kaikēyī : le couronnement de Bharata et mon exil dans la forêt pendant quatorze ans. Je dois partir immédiatement pour la forêt afin d'honorer les paroles de mon père. Ne t'inquiète pas pour moi. »

À peine Rāma avait-il fini de parler que Kausalyā s'évanouit, inconsciente.

L'amour que les parents portent à leurs enfants est incommensurable. Néanmoins, défendons à tout prix la vérité et l'honneur, ne les sacrifions pas par

affection envers nos proches. Tenons parole. Śhrī Rāma nous montre comment affronter sereinement les malheurs de la vie. Seule une foi inébranlable en Dieu nous aidera à prendre les bonnes décisions sans faiblir.

Dinesh

13. Conseils à Lakṣhmaṇa

Grand-mère poursuivit : « Quand elle revint à elle, Kausalyā dit à Rāma : « Rāma, mon fils, si tu vas dans la forêt, je viens avec toi. Je ne peux pas vivre ici sans toi. Que Bharata soit roi. Mais pourquoi t'exiler dans la forêt ? Ton père t'a banni dans la forêt. Moi, ta mère, je t'ordonne de rester ici. Si tu me désobéis et que tu vas dans la forêt, je renoncerai à la vie ! »

Lakṣhmaṇa avait entendu la conversation entre la mère et le fils, il était de nature colérique. Incapable de contrôler davantage sa rage et son chagrin, ses yeux lançaient des flammes de colère qui auraient réduit le monde entier en cendres. « Mère, Kaikēyī est devenue folle ! fulminait-il. Elle a perdu la raison ! Mon père écoute une folle sans vergogne. Je ne lui permettrai pas de devenir l'esclave d'une telle femme et de nous conduire à la ruine. Je vais l'enchaîner, le jeter au fond d'un cachot et couronner mon frère aîné ! »

Śhrī Rāma étreignit son frère qui bouillonnait de rage. Il calma Lakṣhmaṇa par de sages paroles et lui fit comprendre la nature de la vie. Nous devons tous lire et assimiler les vérités spirituelles que Śhrī Rāma a transmises à Lakṣhmaṇa. À son âge, Uṇṇi pourrait ne pas être en mesure de comprendre les paroles de Rāma. Je vais donc les condenser pour Māḷu. Uṇṇi, tu peux toi aussi écouter ce que je vais dire. Quand tu seras grand, tu devras lire et prendre à cœur les conseils que Rāma a donnés à Lakṣhmaṇa. »

D'un ton grave, Uṇṇi déclara : « D'accord, Grand-mère. Mais je peux peut-être comprendre le conseil de Rāma dès maintenant. »

Grand-mère sourit tendrement à son jeune petit-fils et le prit dans les bras. Elle ajouta : « Je vais essayer de l'expliquer avec des mots simples.

Śhrī Rāma dit : « Lakṣhmaṇa, écoute-moi. Renonce à cette colère et à cette rivalité. Nous vivons très peu de temps en ce monde. Nous sommes pareils à des voyageurs qui se rencontrent dans une auberge au bord de la route, passent un peu de temps ensemble, puis partent chacun de leur côté. Rien en ce monde n'est éternel. La vie est éphémère, incertaine. Ceux qui ne connaissent pas Dieu ne sont pas conscients du passage du temps. Notre corps est destiné à vieillir et à mourir. Mais nous l'oublions et agissons avec un orgueil démesuré. Nous sommes asservis par de nombreux désirs. Tu es en ce moment plongé dans ce genre d'illusion. C'est pour cette raison que tu veux réduire le monde en cendres. Abandonne l'orgueil lié à l'identification au corps et acquiers la foi que le Soi suprême, qui demeure en toi, est la seule vérité.

Lakṣhmaṇa, la connaissance est voilée par le désir, la colère, l'avidité et la convoitise. La colère est le plus épais des voiles. On peut même tuer père et mère, frères, sœurs et amis sous l'emprise de la colère. Par conséquent, mon cher jeune frère, contrôle ton humeur. La colère détruit la bonté et la vertu. Seul le Suprême peut te donner la paix véritable. Lorsqu'une telle paix s'éveille, la souffrance n'existe plus. Médite sur la conscience omniprésente, éternelle, infinie et divine qui est témoin de tout ce qui se passe dans le monde. Il t'a été accordé de t'incarner en tant qu'être humain. Ton devoir est d'agir sans désir ni attachement. Offre toutes tes actions à Dieu. Souviens-toi de Dieu qui est la vérité infinie. Abandonne ton orgueil. »

Après avoir conseillé à Lakṣhmaṇa d'abandonner sa colère, Śhrī Rāma se tourna à nouveau vers sa mère : « Mère, ne t'afflige pas. La séparation est la nature même du monde. Je reviendrai auprès de toi après les quatorze années passées dans la forêt. Rappelle-toi tes devoirs envers mon père. Tu dois souhaiter ce qu'il souhaite. La joie au cœur, accorde-moi la permission d'aller dans la forêt. »

Ayant prononcé ces paroles, Śhrī Rāma se prosterna aux pieds de sa mère. L'esprit de Kausalyā était devenu calme et clair. Elle déposa un baiser au sommet de la tête de Rāma. En larmes, elle pria : « Ô Brahmā, Viṣhṇu et Paramaśhiva, protecteurs du monde, ô Déesse Durgā, protégez mon fils qu'il marche, soit assis ou dorme. »

Grand-mère poursuivit : « C'est ainsi que tous les parents devraient prier pour leurs enfants. Lorsque Lakṣhmaṇa vit que Kausalyā avait donné à Rāma la permission de partir, il dit : « Frère aîné, je viens avec toi. Je t'accompagnerai tout au long de ton exil. Si tu ne me laisses pas venir avec toi, j'abandonnerai mon corps ! »

Śhrī Rāma sourit affectueusement à son jeune frère en disant : « Tu peux venir. »

Accueillons tout ce qui arrive avec calme et sérénité. Accrochons-nous à Dieu pour accomplir notre devoir, la conscience claire. Consacrons toutes nos actions à Dieu. C'est Lui qui nous récompense. Que chacune de nos actions devienne un acte d'adoration, cela nous fera un bien incommensurable.

14. Ce que représentent Rāma et Sītā

La lampe à huile était allumée dans la salle de *pūjā*. Grand-mère, Māḷu et Uṇṇi se prosternèrent devant les divinités et s'assirent devant la lampe.

« Où en étais-je ? T'en souviens-tu, Uṇṇi ? » demanda Grand-mère.

« Oui, Grand-mère. Lakṣhmaṇa voulait accompagner Śhrī Rāma dans la forêt et Śhrī Rāma avait accepté », dit Uṇṇi.

« Ah oui ! Sītā n'était pas du tout au courant de ce qui se passait dans les appartements des reines. Rāma se rendit au palais de Sītā pour lui annoncer la nouvelle. En le voyant, Sītā se leva et lui lava joyeusement les pieds avec l'eau d'un récipient en or. Elle lui demanda : « Pourquoi es-tu venu seul, et qui plus est, à pied ? Où sont tes serviteurs ? »

Śhrī Rāma dit : « Je dois partir maintenant pour la forêt. C'est la décision de mon père, donc ne t'en attriste pas. Reste avec ma mère, la reine Kausalyā. Je reviendrai dans quatorze ans. »

Sidérée, Sītā dit : « Qu'est-ce que tu dis ? Ton père ne peut pas vivre sans toi, ne serait-ce qu'une nuit ! Comment aurait-il pu prendre une telle décision ? Je ne comprends pas ! »

Śhrī Rāma répondit : « Il y a longtemps, père avait promis d'accorder deux faveurs à mère Kaikēyī. Elle a demandé qu'il lui accorde ces deux faveurs aujourd'hui. L'une est que Bharata soit couronné roi d'Ayōdhyā et l'autre est que je sois envoyé dans la forêt pendant quatorze ans. Afin de tenir sa parole, père lui a accordé ces deux faveurs. Je t'en prie, n'essaye pas de me retenir, Sītā. Sois heureuse auprès de ma mère et je reviendrai dans quatorze ans. »

Sītā répondit : « Si tu vas dans la forêt, je précéderai tes pas. Il te faudra me suivre. L'époux et l'épouse ne doivent jamais être séparés. »

Śhrī Rāma tenta d'expliquer à Sītā qu'il était difficile de vivre en forêt : « La jungle est épaisse. Il y a de dangereux animaux sauvages : des lions, des léopards, des sangliers, des bisons, des ours et des loups qui errent dans la forêt. Il y a aussi des *rākṣhasas* qui attrapent et mangent des êtres humains. Tu n'auras pas de bonne nourriture. Tu ne verras pas d'autres êtres humains. La forêt est pleine de rochers et le sol est souvent accidenté et rocailleux. »

Mais Sītā avait déjà pris sa décision. Avec détermination, elle affirma : « Sur qui d'autre que toi puis-je compter ? Si je dois marcher sur un terrain accidenté lorsque tu seras à mes côtés, j'aurai l'impression que le sol est jonché de fleurs. Tant que tu seras avec moi, mon mental ne connaîtra pas la peur. »

En entendant ses paroles, Śhrī Rāma dit : « Dans ce cas, Sītā, tu peux aussi venir avec moi. »

Rāma donna ses vêtements, ses bijoux et ses vaches aux *brāhmanes*[9]. Sītā offrit à Arundhati, l'épouse de guru Vasiṣhṭha, de nombreux objets précieux. Lakṣhmaṇa demanda à sa mère Sumitrā la permission de suivre Rāma dans la forêt. Il confia sa mère aux soins de Kausalyā.

---

[9] Membres de la caste des prêtres.

Sumitrā lui dit : « Mon fils, reste toujours auprès de ton frère aîné. Donne-lui tout ce dont il a besoin. Considère Śhrī Rāma comme ton père et Sītā comme ta mère. Que la forêt soit pour toi Ayōdhyā. Va et reviens en paix. »

Lakṣhmaṇa prit les paroles de sa mère à cœur. Il mit son arc et ses flèches en bandoulière et se plaça à côté de Rāma. Rāma, Lakṣhmaṇa et Sītā sortirent pour aller se prosterner devant leur père et solliciter sa bénédiction.

Entre-temps, la nouvelle de la tragédie s'était répandue comme une traînée de poudre au palais et dans le reste du royaume. Les gens apprirent que Kaikēyī avait demandé à Daśharatha de lui accorder deux vœux et qu'il avait été forcé de les exaucer. Les gens avaient appris que Rāma était banni dans la forêt. Ils discutaient entre eux : « Le roi a accordé deux vœux à Kaikēyī. Bharata deviendra roi et Śhrī Rāma sera envoyé dans la forêt. Pourquoi devrions-nous vivre dans une Ayōdhyā privée de Śhrī Rāma ? Accompagnons-le tous dans la forêt ! »

Vāmadēva Maharṣhi, qui était un *jñānī* (connaisseur de la Vérité), calma les sujets en leur révélant la vérité : « Ne vous affligez pas pour Rāma. Il est une incarnation du Seigneur Nārāyaṇa. Lorsque l'amour, la compassion, la vérité et la justice déclinent en ce monde, le Seigneur s'incarne pour rétablir le *dharma* (la loi divine, la conduite juste). Il a sauvé la Terre lors de ses précédentes incarnations : Matsya, Kūrma, Varāha, Narasimha, Vāmana et Paraśhurāma. Maintenant, le moment est venu d'anéantir le puissant roi *rākṣhasa* Rāvaṇa. Le Seigneur Nārāyaṇa s'est manifesté sous la forme de Śhrī Rāma, fils du roi Daśharatha, dans ce but. Ne soyez donc pas contrariés par le sort de Śhrī Rāma,

Lakṣhmaṇa et Sītā. » En entendant ses paroles, les gens se calmèrent. »

Grand-mère dit alors : « Cela suffit pour aujourd'hui, Uṇṇi. Demain, je te raconterai leur arrivée dans la jungle. » Uṇṇi poussa un soupir de satisfaction et serra sa grand-mère dans ses bras.

Sumitrā ne faiblit pas et fit face à l'inévitable avec beaucoup de calme, elle est un exemple pour nous tous. Elle donna à son fils la permission d'accompagner Śhrī Rāma dans sa périlleuse expédition et elle lui donna aussi de la force et de nobles conseils. Apprenons à garder notre sang-froid en toute situation.

15. Voyage vers la forêt et rencontre avec Guha

Grand-mère méditait sur la forme du Seigneur Rāma. Elle ouvrit les yeux quand Uṇṇi et Māḷu s'assirent silencieusement à ses côtés. Ils l'écoutèrent attentivement poursuivre l'histoire du courageux prince Rāma.

« Rāma, Lakṣhmaṇa et Sītā se rendirent au palais de Kaikēyī pour faire leurs adieux à leur père. Rāma rassura Kaikēyī : « Mère, ne t'inquiète plus. Nous partons tous les trois dans la forêt, maintenant. »

C'était ce que Kaikēyī avait tant souhaité entendre. Elle leur donna des vêtements fabriqués avec de l'écorce d'arbre. Śhrī Rāma et Lakṣhmaṇa ôtèrent leurs tenues princières et s'habillèrent d'écorce. Ceux qui regardaient ne purent cacher leurs larmes en voyant les nobles princes habillés comme des hommes des bois avec l'écorce des arbres pour tout vêtement. Lorsque Sītā voulut revêtir les vêtements faits d'écorce d'arbre, le cœur du sage Vasiṣhṭha fondit de chagrin. Il ressentit une grande colère envers Kaikēyī et dit : « Ô femme cruelle au cœur de pierre ! Comment oses-tu proposer à la princesse Sītā de s'habiller avec l'écorce d'un arbre ? La chaste Sītā portera ses vêtements de soie et ses bijoux en or pour accompagner son mari dans la forêt ! »

Sumantra amena alors le char. Terrassé par le chagrin, Daśharatha s'effondra par terre en s'écriant : « Rāma, mon fils ! » Sans perdre son sang-froid, Śhrī Rāma s'inclina devant son père. Il aida ensuite Sītā à monter dans le char avant d'y monter lui-même. Lakṣhmaṇa suivait, des arcs et des carquois de flèches à la main.

Alors que le char s'ébranlait, Daśharatha cria : « Arrête, mon fils ! Arrête-toi ! » Mais Rāma ordonna à Sumantra d'avancer. Lorsque le char fut hors de vue, Daśharatha perdit connaissance. De nombreux sujets suivirent le char en courant, incapables de se séparer du noble prince.

Daśharatha était dans un état pitoyable. Il se mit à pleurer et des paroles incohérentes sortaient de sa bouche. Les serviteurs emmenèrent le roi, anéanti par le chagrin, dans les appartements de Kausalyā. Éplorés, Daśharatha et Kausalyā étaient inconsolables.

À la tombée de la nuit, le char de Rāma atteignit les rives de la rivière Tamasā. Sītā et Rāma burent un peu d'eau et dormirent paisiblement sous un arbre. Lakṣhmaṇa monta la garde et partagea son chagrin et sa colère avec Sumantra, le premier ministre de Daśharatha. Les habitants d'Ayōdhyā s'endormirent également au bord de la rivière.

Réveillé avant l'aube, Śhrī Rāma murmura doucement à Sumantra : « Mon peuple est encore endormi. Ils se réveilleront au lever du soleil et ils me retiendront. Nous devons partir avant qu'ils ne se réveillent. » Ils partirent sans bruit pour ne réveiller personne.

Lorsque le soleil se leva et que les habitants d'Ayōdhyā se réveillèrent, ils comprirent que leur prince s'était déjà enfoncé dans l'épaisse forêt et qu'ils l'avaient perdu. Le cœur rempli de chagrin, ils firent demi-tour et reprirent le chemin de la capitale.

Śhrī Rāma, Sītā et Lakṣhmaṇa atteignirent les rives du Gange. Ils s'assirent à l'abri des branches de l'arbre Śhimśhapa en un lieu appelé Śhṛingavēra. Guha, un habitant de la forêt, régnait sur Śhṛingavēra. C'était un fervent dévot de Śhrī Rāma. Lorsqu'il comprit que Śhrī Rāma, Sītā et Lakṣhmaṇa étaient arrivés dans son royaume, Guha exulta. Il récolta les fruits les plus délicieux, du miel sauvage et des fleurs parfumées qu'il offrit humblement aux pieds de

Śhrī Rāma. Śhrī Rāma se leva et enveloppa Guha dans une étreinte sincère.

Guha s'inclina devant Rāma : « Tes pieds sacrés ont foulé ma terre et l'ont bénie. Je t'en prie, accepte ce royaume qui est le mien. Demeure ici et règne sur nous, tes loyaux sujets. Sanctifie mon palais avec la poussière de tes pieds. Je t'en prie, accepte ces fruits et ces fleurs et accorde-moi ta bénédiction. »

Śhrī Rāma déclina gentiment et affectueusement l'offre. Il dit à Guha qu'il n'accepterait aucune offrande pendant quatorze ans mais qu'à son retour, dans quatorze ans, il accepterait l'hospitalité de Guha. Il demanda à Guha de la gomme du banian. Il la mélangea à de la cendre sacrée et en enduisit sa chevelure qu'il releva et noua en chignon. Guha fit un matelas de feuilles et d'herbes pour que Sītā et Ram dorment dessus. Ils acceptèrent sa tendre dévotion. Lakṣhmaṇa resta éveillé, veillant sur son frère et sa belle-sœur bien-aimés.

Guha ne put retenir ses larmes tandis qu'il se lamentait auprès de Lakṣhmaṇa : « Comment cela a-t-il pu arriver à Śhrī Rāma, lui qui devrait dormir sur un matelas de soie ? Comment Kaikēyī a-t-elle pu écouter les paroles de Mantharā et commettre un tel péché ? »

Lakṣhmaṇa avait gravé le conseil de Śhrī Rāma dans son cœur. Il dit à Guha : « Écoute attentivement mes paroles. Nous récoltons tous les fruits des actions que nous avons accomplies dans nos vies antérieures. La tristesse et le bonheur sont les conséquences de nos propres actions. Personne d'autre n'est responsable de notre destin. Nous devons apprendre à accepter calmement toutes les situations auxquelles nous sommes confrontés. Il ne faut ni sombrer dans la tristesse lorsqu'il arrive un malheur, ni se réjouir excessivement lorsqu'il arrive un bonheur. La joie et la tristesse nous rendent constamment visite. Accueillons-les toutes les deux avec courage et équanimité. »

Ils parlèrent ainsi jusqu'à l'aube. Śhrī Rāma et Sītā se réveillèrent. Conformément à la demande de Śhrī Rāma, Guha fit venir un bateau pour leur faire traverser le Gange. Ils montèrent dans la barque. Sītā se prosterna devant la déesse Gangā. Guha les fit traverser puis demanda humblement la permission de les accompagner.

Śhrī Rāma dit doucement : « Ne t'afflige pas. Retourne chez toi. Je te donne ma parole que je reviendrai dans quatorze ans. »

Guha avait repris courage grâce aux paroles de Lakṣhmaṇa. Il se prosterna devant Śhrī Rāma et rentra chez lui. »

Faites le bien. Affrontez calmement les peines qui s'invitent dans votre vie. Ne permettez pas aux viles émotions de la cruauté et du désir de vengeance de pénétrer dans votre mental. Les bonnes actions donneront de bons fruits. Cela ne fait aucun doute.

16. Haltes dans les ermitages de Bharadvāja et de Vālmīki

Uṇṇi et Māḷu arrivèrent dans la salle de *pūjā* avant Grand-Mère. Śhrīkuṭṭi était sur les genoux de Māḷu. Elle dormait, sa petite main potelée serrant une poupée. Grand-mère entra dans la salle de *pūjā* et s'assit en silence, gardant les yeux fermés pendant quelques minutes.

Uṇṇi dit : « Grand-mère, Śhrī Rāma a fait ses adieux à Guha en lui promettant de revenir dans quatorze ans. Que s'est-il passé ensuite ? »

Grand-mère dit : « Écoute bien, cher Uṇṇi. Non loin de là se trouvait l'ermitage du sage Bharadvāja, un grand ascète. Śhrī Rāma marcha jusqu'à l'ashram avec Sītā et Lakṣhmaṇa et annonça leur arrivée au sage par l'intermédiaire d'un petit garçon qu'ils rencontrèrent aux abords de l'ashram. Bharadvāja fut très heureux de cette nouvelle. Prenant de l'eau et des ustensiles de *pūjā*, il alla à la rencontre de Śhrī Rāma pour lui rendre hommage. Il vénéra Śhrī Rāma avec une grande dévotion, ce qui le plongea dans la béatitude. Śhrī Rāma et Lakṣhmaṇa se prosternèrent devant le sage. Bharadvāja les emmena dans son ermitage et leur dit : « Ô Rāmachandra, je t'en prie, que tes pieds sacrés sanctifient mon ermitage. Mon œil de sagesse ne s'est ouvert que grâce à mon amour et à ma dévotion pour toi qui es l'incarnation même de la sagesse. Avec mon œil de sagesse, j'ai compris qui tu es et j'ai également deviné que tu avais quitté Ayōdhyā pour venir dans la forêt. Je sais aussi pourquoi tu restes dans la forêt. Ma vie est comblée car tu m'as accordé la bénédiction de voir ta forme physique. »

Śhrī Rāma se prosterna devant le sage et répondit humblement : « Je t'en prie, bénis-nous, nous qui sommes nés en tant que *kṣhatriya* (guerriers). »

Ils passèrent tous les trois la nuit dans l'ermitage du sage. Le lendemain, ils traversèrent le Gange avec l'aide des fils du sage. Au loin, ils aperçurent l'ermitage du sage Vālmīki. Śhrī Rāma et Vālmīki vivaient à la même époque. »

« Je sais », dit Uṇṇi.

« L'ermitage de Vālmīki était extrêmement beau, paisible et grandiose. Il est difficile de le décrire. Il y avait de nombreux arbres en fleurs et des arbres chargés de fruits. De nombreux animaux et oiseaux y avaient élu domicile. Śhrī Rāma, Sītā et Lakṣhmaṇa s'approchèrent de Vālmīki et se prosternèrent à ses pieds. Quand le sage vit Śhrī Rāma, ses larmes se mirent à couler. Il resta debout à contempler Rāma, n'osant pas fermer les yeux. « Qui est-ce ? N'est-ce pas le Seigneur Viṣhṇu lui-même, époux de la déesse Lakṣhmī ? Il se tient maintenant devant moi sous la forme de Śhrī Rāma, les cheveux emmêlés noués au sommet de sa tête, vêtu d'une écorce d'arbre, armé d'un arc et de flèches et il m'accorde la bénédiction de voir sa forme divine ! » Submergé par ces pensées, Vālmīki étreignit Śhrī Rāma avec beaucoup d'amour et de bonheur et il accomplit un rituel en son honneur. Il offrit à Śhrī Rāma, à Sītā et à Lakṣhmaṇa des fruits mûrs et des légumes frais. Ils partagèrent la nourriture et se sentirent tout revigorés.

Rāma dit à Vālmīki : « J'ai obéi à l'ordre de mon père et je suis donc parti pour la forêt en compagnie de Sītā et de Lakṣhmaṇa. Je sais que tu es un adepte du *Vēdānta*[10]. Je n'ai pas besoin de te dire pourquoi je suis parti pour la forêt, car tu es clairvoyant. Je t'en prie, indique-nous un endroit où séjourner. Nous désirons tous les trois passer quelques jours près d'ici. »

Vālmīki en fut très heureux. Il dit : « Ô Rāma, as-tu vraiment besoin d'un endroit où séjourner ? Tous les mondes résident en toi. Tu es la félicité dans le cœur des âmes divines. Ô Rāma, toi qui es le Soi suprême, viens je t'en prie, dans le cœur de ceux qui sont établis dans la dévotion envers toi, ceux dont le cœur purifié par la dévotion regorge d'amour pour toi. Réside, heureux, dans leur cœur avec Sītā, ton épouse royale. »

Il raconta ensuite à Rāma comment la récitation du mantra de Rāma avait fait de lui un sage. »

Grand-mère demanda à Uṇṇi : « Te souviens-tu de l'histoire de Ratnākaran, celui qui ne cessa pas de réciter le mantra de Rāma et devint ainsi le sage Vālmīki ? »

« Oui, grand-mère, répondit Uṇṇi. Il récitait le nom de Rāma à l'intérieur d'une termitière quand les sages sont venus l'en sortir. »

Grand-mère reprit : « Vālmīki raconta son histoire à Śhrī Rāma. Il expliqua : « Je suis devenu ce que je suis aujourd'hui grâce à la gloire et à la puissance de ton nom. J'ai maintenant la grande chance de voir ta forme physique divine accompagnée de Sītā et de Lakṣhmaṇa. Ô Rāma ! Je

---

[10] 'Fin des Vēdas'. Fait référence aux Upaniṣhads qui traitent du sujet de Brahman, la Vérité suprême, et du chemin qui mène à la réalisation de cette Vérité.

vais t'indiquer un endroit où séjourner. Construis un bel ashram entre le mont Chitrakūṭa et le Gange. »

Ils suivirent ce conseil et construisirent tous les trois un bel ashram dans la forêt où ils vécurent dans la paix et le bonheur. »

Acquérons la dévotion grâce au souvenir constant de Dieu. Dieu demeure dans les cœurs confiants remplis de dévotion et de foi. Lorsque Dieu entrera dans notre cœur, nous atteindrons la béatitude.

17. Mort de Daśharatha

Uṇṇi, Māḷu et Grand-mère se prosternèrent devant la lampe de la salle de *pūjā*. La lumière de la lampe répandait une douce lueur sur les images des divinités.

Grand-mère poursuivit la narration du Rāmāyaṇa. « Sītā, Rāma et Lakṣhmaṇa se construisirent un bel ashram sur les contreforts du mont Chitrakūṭa et y vécurent heureux et en paix. Maintenant, voyons ce qui se passait à Ayōdhyā.

Sumantra, le premier ministre de Daśharatha, revint à Ayōdhyā, le cœur lourd de tristesse. Il se rendit auprès du roi Daśharatha qui lui demanda : « Comment vont mes enfants ? T'ont-ils chargé d'un message pour ce grand pécheur ? Ô Dieu, je n'aurai pas le bonheur de rendre mon dernier souffle en présence de mes doux enfants ! »

Sumantra dit au roi qui se fustigeait ainsi : « Sur ton ordre, je les ai conduits dans mon char. Comme nous nous reposions au bord du Gange, près de la ville de Śhṛingavēra, le souverain des lieux, Guha, vint saluer Śhrī Rāma. Il apporta des fruits et du miel. Le prince demanda de la gomme d'arbre et d'autres matériaux nécessaires pour crêper et nouer ses cheveux. En montant dans la barque de Guha, il me dit : « Salue mon père et mes mères. Dis à mon père de ne pas s'affliger à cause de moi. » Sītā Dēvī pleura en disant : « Présentez mes salutations aux pieds de mes mères. » Guha leur fit traverser le Gange à la rame. Quand à moi, je les ai regardés disparaître tous les trois. Je suis resté figé sur place comme un cadavre. Puis j'ai repris mon char et suis revenu vers vous en toute hâte. »

Kausalyā se tenait aux côtés de Daśharatha et l'écoutait se lamenter. Elle prit la parole : « Tu aurais pu céder le royaume à Kaikēyī. Pourquoi a-t-il fallu que tu exiles

Rāma dans la forêt ? À quoi bon se lamenter de la sorte maintenant ? »

Daśharatha répondit : « Pourquoi me rappeler sans cesse ma folie et aviver mon chagrin ? » Il raconta alors un incident qui s'était produit longtemps auparavant. Un jour, il était parti à la chasse, désireux de tuer un animal. Arrivé au bord d'une rivière à minuit, il avait entendu un bruit tout proche. C'était un jeune ermite qui remplissait son pot à eau à la rivière. Dans l'obscurité, le roi avait pris ce bruit pour celui d'un éléphant buvant de l'eau. Sa flèche avait atteint tout droit sa cible, blessant mortellement le jeune garçon. Le roi s'était précipité vers lui et le garçon s'était mis à pleurer : « Oh, je vais mourir ! Je n'ai jamais fait de mal à personne et pourtant, je meurs de cette manière. Mes parents sont vieux et aveugles. Ils ont très soif. Qui leur donnera de l'eau maintenant ? »

Comprenant son erreur fatale, le roi avait avoué au garçon qu'en entendant le bruit qu'il faisait en remplissant son pot d'eau, il avait cru qu'il s'agissait d'un éléphant en train de boire l'eau de la rivière. Il lui avait révélé qu'il était le roi du pays. Il s'était alors jeté aux pieds du jeune sage pour implorer son pardon. Le garçon avait dit : « Ô Roi ! Il ne t'arrivera aucun mal. Retire la flèche de mon corps et abrège ma souffrance. Puis, va voir mes vieux parents et étanche leur soif. Raconte-leur ce qui m'est arrivé. »

Daśharatha avait retiré la flèche du corps du jeune sage qui s'était éteint. Il avait pris le pot d'eau, était allé voir les vieux parents et leur avait raconté ce qui s'était passé. Les parents avaient pleuré leur fils en gémissant. Au bout d'un moment, ils avaient demandé à Daśharatha : « Conduis-nous à l'endroit où notre fils est tombé. »

Daśharatha les y avait emmenés. Le vieux couple se lamentait à fendre l'âme tout en caressant le corps de leur fils. Selon leurs instructions, le roi avait préparé un bûcher funéraire, placé le corps du jeune garçon sur les bûches de bois et allumé le bûcher. Quand les flammes s'étaient élancées, les vieux parents étaient montés sur le bûcher. Tandis que les flammes dévoraient le vieil homme, celui-ci avait maudit le roi Daśharatha : « Toi aussi, tu mourras en pleurant ton fils ! »

Comme il achevait de lui raconter cet incident, le roi dit à Kausalyā : « Le temps est venu de l'accomplissement de la malédiction. » Il s'effondra au sol et l'air résonna de ses lamentations : « Rāma... Rāma... Rāma... Sītā... Lakṣhmaṇa... Śhrī Rāma ! » C'est ainsi que Daśharatha quitta ce monde. »

Daśharatha avait toujours scrupuleusement été du côté de la vérité et de la justice. Cependant, il manqua un jour de discernement, ce qui eut de lourdes conséquences. Abstenez-vous d'agir tant que vous n'êtes pas en mesure de peser correctement le pour et le contre.

18. Arrivée de Bharata

Uṇṇi demanda à sa grand-mère : « Grand-mère, quand Daśharatha est mort, aucun de ses quatre fils n'était à ses côtés, n'est-ce pas ? Comment Śhrī Rāma a-t-il appris la mort de son père ? »

Māḷu déclara : « La malédiction du vieil homme a bel et bien frappé le roi. »

Grand-mère ajouta : « Les paroles des sages et des ascètes se réalisent toujours. Tout Ayōdhyā pleura la perte de son roi. Sur les instructions de Vasiṣhṭha, le corps du roi fut placé dans un bateau rempli d'huile. »

Uṇṇi demanda : « Pourquoi donc, Grand-mère ? »

« Pour que le corps ne commence pas à se décomposer. Ses fils n'étaient pas encore revenus. Une fois que l'on eut veillé à ce que le corps demeure en bon état de conservation, un messager fut envoyé au pays de Kaikēya pour ramener Bharata et Śhatrughna. Lorsqu'il apprit la nouvelle, l'oncle, frère de Kaikēyī, prit immédiatement des dispositions pour que les deux princes retournent à Ayōdhyā. Il ne leur révéla cependant pas la mort de leur père.

Bharata et Śhatrughna étaient profondément troublés. Bharata imagina le pire, un danger avait dû s'abattre sur son père et ses deux frères. Ils galopèrent rapidement vers leur foyer. À leur entrée dans Ayōdhyā, ils remarquèrent qu'il y régnait une atmosphère sinistre, silencieuse et désolée, vide de joie. La peur et le chagrin envahirent le mental de Bharata. Même le palais semblait privé de sa gloire éclatante.

À peine arrivé au palais, Bharata se précipita dans les appartements de Kaikēyī. Elle l'étreignit joyeusement et lui demanda des nouvelles de Kaikēya. Bharata l'interrompit et demanda : « Où est mon père ? Il est toujours avec toi ! »

Kaikēyī répondit : « Ton père est monté aux cieux, mais tu n'as rien à craindre. J'ai tout arrangé pour ton bien. »

Très angoissé par la nouvelle de la disparition de son père, Bharata demanda : « Mère, quelles furent les dernières paroles de mon père ? »

« En rendant son dernier souffle, le roi gémit : « Rāma... Rāma... Rāma... Sītā... Lakṣhmaṇa... Śhrī Rāma ! »

Étonné par la réponse de Kaikēyī, Bharata demanda : « Pourquoi ? Pourquoi les a-t-il appelés ? Mon frère aîné n'était-il pas à ses côtés ? »

Le voyant troublé, Kaikēyī lui raconta que, sur le champ de bataille, le roi lui avait promis d'exaucer deux vœux. Elle avait demandé que Śhrī Rāma soit banni dans la forêt pendant quatorze ans et elle lui apprit que Sītā et Lakṣhmaṇa l'avaient suivi. La seconde faveur qu'elle avait demandée au roi, qui la lui avait accordée, était que Bharata soit couronné roi d'Ayōdhyā. Elle ajouta : « Il a honoré sa promesse de te faire roi d'Ayōdhyā. Tu vas maintenant être couronné souverain ! Mon fils reçoit ce qu'il mérite. Réjouis-toi ! »

Furieux, Bharata se mit à hurler : « Ô femme cruelle ! *Rākṣhasī* ! Créature sans pitié ! Je suis devenu pécheur par le simple fait que tu m'aies porté en ton sein ! Je vais mettre fin à mes jours ! Tu iras en enfer pour tes actes cruels et vils ! »

Incapable de supporter sa douleur, Bharata courut en pleurant jusqu'aux appartements de Kausalyā qui le prit dans ses bras et lui dit, les larmes aux yeux : « Je sais que mon fils n'est autre que Nārāyaṇa Lui-même. Mais son sort ne m'afflige pas moins. »

Se prosternant devant mère Kausalyā, Bharata dit : « Ô mère, je jure que je suis absolument étranger à cette horrible manœuvre ! Mère Kaikēyī a agi de son propre chef pour contrecarrer le couronnement de Śhrī Rāma. »

Kausalyā le consola. « Mon fils, aucun mal ne te sera fait. » Elle l'embrassa à nouveau. Les personnes qui assistaient à cette scène désolante ne purent retenir leurs larmes. Le sage Vasiṣhṭha consola Bharata et Kausalyā. »

Māḷu demanda à sa mère : « Comment le sage Vasiṣhṭha a-t-il fait pour consoler Bharata et Kausalyā ? Comment leur a-t-il redonné de l'espoir alors qu'ils pleuraient tout deux la mort de Daśharatha ? »

« Voici les conseils du Sage Vasiṣhṭha : « Le roi est décédé après avoir assumé toutes ses responsabilités royales. Il avait également profité de tous les privilèges et plaisirs de sa position. La vie en ce monde n'a aucune importance. La vérité éternelle, c'est le Soi suprême, le *Paramātma.* Ce corps périra, mais le Soi qui demeure dans le corps est impérissable. Il ne naît ni ne meurt. Le Soi qui était dans le corps du roi habite maintenant dans sa demeure céleste, avec les *dēvas* (dieux). Par conséquent, calme ton mental, maîtrise ton chagrin et effectue les préparatifs pour la crémation du corps du roi. »

Bharata accomplit tous les rituels prescrits selon les instructions de Vasiṣhṭha. Dans le cadre de ces rituels, il fit don de vaches, de villages, de bijoux et de vêtements aux brāhmanes. Ce faisant, toutes ses pensées étaient tournées vers Śhrī Rāma. Vasiṣhṭha convoqua Bharata et Śhatrughna à la cour du palais. En présence des ministres et de citoyens choisis d'Ayōdhyā, il annonça : « Ô Bharata ! Cette terre d'Ayōdhyā t'a été donnée afin d'honorer la parole du roi Daśharatha donnée à Kaikēyī. Par conséquent, nous avons décidé de te couronner roi d'Ayōdhyā sans plus attendre. Que le meilleur t'advienne ! »

Ceux qui distinguent le bien du mal ne se laissent pas influencer par l'attachement personnel. Bharata n'a pas cherché à justifier l'injustice commise par Kaikēyī. Le dharma, le code de conduite morale, a plus d'importance encore que le lien entre mère et fils.

19. Bharata se rend dans la jungle

Grand-mère poursuivit : « Bharata répondit à son guru avec le plus grand respect : « Vous m'avez dit d'accepter la couronne par respect pour l'ordre de mon père. Mais quel besoin ai-je de cette terre ? Mon frère aîné est l'héritier légitime du trône d'Ayōdhyā. Je partirai tôt demain matin pour le ramener ici. Je voudrais que tous les citoyens éminents d'Ayōdhyā, les ministres, les courtisans, les résidents du palais, vous et votre épouse, m'accompagnent. Que les musiciens m'accompagnent pour célébrer le retour de mon frère aîné sur cette terre. Jusqu'à ce que Rāma revienne à Ayōdhyā, Śhatrughna et moi n'accepterons pas de vivre dans le confort. Nous nous habillerons d'écorce d'arbre et nouerons nos cheveux emmêlés. Nous dormirons à même le sol et ne mangerons que des fruits et des tubercules. »

Tôt le lendemain matin, le sage Vasiṣhṭha, son épouse, les trois reines de Daśharatha, les ministres, les citoyens importants et l'armée, accompagnèrent Bharata à la recherche de Śhrī Rāma. Lorsqu'ils atteignirent Śhṛingavēra, Guha crut à un défi lancé à Śhrī Rāma et il se prépara en toute hâte à défendre son Seigneur. Mais voyant Bharata vêtu d'écorce d'arbre, les cheveux emmêlés en chignon et répétant : « Rāma... Rāma... Rāma... » avec une dévotion et une douleur intenses, il les salua avec révérence. Guha conduisit Bharata à l'arbre sous lequel Rāma et Sītā avaient dormi et près duquel Lakṣhmaṇa avait veillé en armes toute la nuit.

Bharata demanda : « Où est mon frère à présent ? »

Guha répondit : « En traversant la rivière Gange, vous verrez les montagnes Chitrakūṭa. Rāma, Lakṣhmaṇa et Sītā y vivent heureux et en paix. »

Bharata demanda : « Je vous en prie, aidez-nous à traverser le Gange. »

Guha fit venir cinq cents bateaux pour faire traverser le Gange à l'énorme contingent. Dans la plus grande barque prirent place guru Vasiṣhṭha et son épouse ainsi que Kausalyā, Kaikēyī et Sumitrā. Bharata et Śhatrughna montèrent en dernier. Guha lui-même les fit traverser à la rame. De cette manière, cinq cents bateaux bien chargés atteignirent l'autre rive.

Bharata et Śhatrughna se rendirent à pied à l'ashram du sage Bharadvāja et se prosternèrent devant lui. Bharata savait que le sage était un voyant qui connaissait le passé, le présent et le futur. Néanmoins, il révéla pourquoi il était venu, vêtu d'écorce et les cheveux emmêlés : « Je suis venu retrouver mon frère Śhrī Rāma, le couronner roi d'Ayōdhyā et le ramener avec moi pour qu'il règne sur le pays. »

À ces mots, le sage étreignit le prince de tout son cœur. Il offrit à tous ses invités un somptueux festin et leur aménagea un lieu où se reposer et dormir. »

Uṇṇi demanda : « Comment le sage a-t-il fait pour nourrir autant de personnes ? »

Grand-mère rit, contente de cette question. « Uṇṇi, ce fut un miracle. Le sage avait une vache nommée Kāmadhēnu qui pouvait exaucer tous les souhaits de son propriétaire. Le sage Bharadvāja entra dans sa salle de méditation et médita profondément sur Kāmadhēnu. En un tour de main, la forêt devint une demeure céleste. Les arbres furent transformés en *dēvas*. Un somptueux festin régala les voyageurs fatigués et des matelas moelleux apparurent dans des palais pour qu'ils puissent se reposer. Le sage Bharadvāja matérialisa tout cela grâce à cette vache qui exauçait les vœux, Kāmadhēnu.

Après avoir honoré Vasiṣhṭha, le sage invita le reste du cortège dans son ashram.

Ils se levèrent tôt le lendemain matin, firent leur toilette matinale et se prosternèrent aux pieds du sage Bharadvāja. Avec sa bénédiction, ils se mirent en route pour Chitrakūṭa. Bharata demanda à l'armée de rester à l'arrière pendant que lui, Śhatrughna et Guha partaient à la recherche de l'ashram de Śhrī Rāma. Ils rencontrèrent des ascètes qui les guidèrent : « Sur la rive nord du Gange, dans les collines au pied des monts Chitrakūṭa, vous trouverez Śhrī Rāma, le Soi suprême, qui demeure avec Sītā et Lakṣhmaṇa. »

Le groupe parti en éclaireur aperçut bientôt l'ashram de Śhrī Rāma. C'était un endroit merveilleux, entouré d'arbres chargés de fruits et d'arbustes aux fleurs odorantes. Les oiseaux et tous les animaux y vivaient en harmonie. Bharata se jeta sur le sol foulé par les pieds de Rāma, Sītā et Lakṣhmaṇa. Il se précipita dans l'ashram et tomba aux pieds de son frère aîné, le visage ruisselant de larmes. Avec beaucoup de joie, Śhrī Rāma étreignit ses deux frères. Il salua ses trois mères. Sītā se prosterna à leurs pieds et les trois mères la serrèrent dans leurs bras. Elles étaient tristes de voir la princesse Sītā vivre dans un endroit aussi rustique. Śhrī Rāma salua ensuite le sage Vasiṣhṭha. « J'espère que mon père est en bonne santé. A-t-il envoyé un message pour moi ? »

Le sage répondit : « Je suis désolé, Rāma, mais ton père a quitté ce monde en vous pleurant, toi, Sītā et Lakṣhmaṇa. »

Śhrī Rāma se laissa tomber lourdement au sol, choqué par la nouvelle du décès de son père. « Oh, père ! Nous as-tu abandonnés ? » Sītā et Lakṣhmaṇa aussi se laissèrent tomber à terre, incapables de supporter le choc et la tristesse qui les submergeaient. Vasiṣhṭha les consola tous. Retrouvant enfin leur calme, ils descendirent à la rivière Mandākinī où ils accomplirent les rites cérémoniels pour la paix de l'âme de leur père. »

Puisse notre vie ne pas s'écouler en vain. Vivons dans le respect du dharma, assumons nos responsabilités. Dans ce cas, nous ne succomberons pas à nos désirs égoïstes.

20. Dialogue entre Rāma et Bharata

Uṇṇi attendait dans la salle de *pūjā*. En entrant, Grand-mère lui demanda : « Uṇṇi, n'est-ce pas le moment des examens ? N'as tu pas beaucoup de travail ? » - « Non, il ne me reste plus grand-chose à réviser, je pourrai le faire après avoir écouté ton récit ou de bonne heure demain matin. » Māḷu renchérit : « Il révisera plus tard, maman. N'interrompons pas le récit du *Rāmāyaṇa.* »

Grand-mère s'assit et, les yeux fermés, médita sur Rāma pendant une minute. Elle poursuivit : « Une fois les rites funéraires accomplis, Śhrī Rāma et les autres retournèrent à l'ashram. Avec beaucoup de dévotion, Bharata implora son frère aîné : « S'il te plaît, écoute ma requête. Tu es le fils aîné du roi Daśharatha. Tu es l'héritier légitime du trône. Il n'est pas juste que tu continues à vivre dans la forêt. J'ai apporté avec moi tout ce qu'il faut pour le couronnement. Permets-moi de te couronner roi d'Ayōdhyā. Sauve le pays d'Ayōdhyā ! »

Bharata s'était prosterné de tout son long devant Śhrī Rāma. Celui-ci le releva doucement en disant : « Je comprends bien ce que tu dis mais je suis lié par la promesse de mon père. Je ne lui désobéirai pas. Il t'a promis le royaume. Par conséquent, tu dois gouverner le pays en tant que souverain légitime. Je vais me rendre à Daṇḍakāraṇya. »

Bharata supplia à plusieurs reprises Śhrī Rāma de revenir sur sa décision, mais Śhrī Rāma resta ferme. Profondément blessé, Bharata dit : « Dans ce cas, je continuerai à vivre dans la forêt et à te servir, comme Lakṣhmaṇa. » Lorsque Śhrī Rāma refusa également cela, il dit : « Alors je vais jeûner jusqu'à la mort et abandonner mon corps ici même, dans cette forêt. »

Bharata répandit de l'herbe *darbha* (herbe alfa) sur le sol et resta debout sous un soleil brûlant, résolu à jeûner jusqu'à la mort. Lorsque guru Vasiṣhṭha comprit que Bharata était déterminé à aller jusqu'au bout de ce qu'il avait décidé, le sage alla le trouver et lui dit : « Ô prince, regarde-moi, je vais te livrer un grand secret ! Cesse ce comportement stupide ! Reviens sur ta décision. Ton frère aîné n'est autre que le Suprême, le Seigneur Viṣhṇu Lui-même. Sītā Dēvī est l'incarnation de la déesse Lakṣhmī. Tu comprendras en temps voulu qu'ils sont les Créateurs, les parents de cet univers tout entier. Ils sont nés pour détruire Rāvaṇa et les autres *rākṣhasas*. Les événements qui ont conduit à l'exil de quatorze ans dans la forêt sont la volonté de Dieu. Mantharā et Kaikēyī ne sont que des instruments entre les mains du Divin. Par conséquent, abandonne l'idée de contraindre Śhrī Rāma à revenir à Ayōdhyā. Demande-lui sa bénédiction et retourne dans ton pays. Après leur exil en forêt, Śhrī Rāma, Sītā et Lakṣhmaṇa reviendront à Ayōdhyā. »

Les paroles de Vasiṣhṭha remplirent le cœur de Bharata d'émerveillement. Il s'approcha de Śhrī Rāma et dit avec beaucoup d'émotion : « Frère aîné, donne-moi les sandales que tu portes. Elles te représenteront et protégeront le royaume en ton nom. »

Śhrī Rāma retira ses sandales et les donna à Bharata qui les reçut avec révérence, la tête inclinée. Il plaça les sandales incrustées de joyaux sur sa tête et fit trois fois le tour de son frère. Puis, avec une voix chargée d'émotion, il dit : « Je vais attendre quatorze ans. Si tu ne reviens pas à Ayōdhyā une fois ces quatorze ans écoulés, le lendemain même, j'entrerai dans les flammes d'un bûcher et mettrai fin à mes jours ! »

Les yeux de Śhrī Rāma se remplirent de larmes d'amour. Il rassura son frère : « Fais-moi confiance. Je reviendrai à Ayōdhyā le lendemain de la fin de mon exil de quatorze ans. » Il fit ensuite ses adieux à Bharata qui, avec Śhatrughna, leurs trois mères, le guru Vasiṣhṭha et son épouse et la grande armée d'Ayōdhyā, prit le chemin du retour. Guha leur fit traverser le Gange puissant en bateau. Bharata et Śhatrughna adoptèrent l'habit et la vie austère des sages et vécurent dans un lieu appelé Nandigrāma. Bharata plaça les sandales royales de Śhrī Rāma sur le trône d'Ayōdhyā, vénéra les sandales et gouverna le pays au nom de Śhrī Rāma.

Śhrī Rāma, Sītā et Lakṣhmaṇa quittèrent alors Chitrakūṭa. Ils prirent la route de Daṇḍakāraṇya. En chemin, ils saluèrent Anasūya, l'épouse du sage Atri. Anasūya étreignit Sītā et lui offrit des vêtements resplendissants, une paire de magnifiques boucles d'oreilles et de la pâte de santal parfumée. Tous trois acceptèrent l'hospitalité du sage Atri et d'Anasūya et passèrent la nuit chez eux.

Bharata plaça les sandales de Śhrī Rāma sur le trône et les vénéra. Il gouverna en tant que régent. Les sandales étaient l'emblème du Seigneur. Puissent les gouvernants garder toujours à l'esprit cette vérité : gouverner un pays, c'est adorer Dieu.

21. L'entrée dans la forêt sombre et profonde

Māḷu et Uṇṇi attendirent que Grand-mère ouvre les yeux. Elle méditait sur la forme de son beau Seigneur, Śhrī Rāma. Elle ouvrit lentement les yeux et regarda les images des dieux accrochées aux murs de la salle de *pūjā*. Ils semblaient leur sourire à tous les trois.

Grand-mère reprit : « Après une bonne nuit de sommeil, tous trois se réveillèrent avant l'aube et exprimèrent leur désir d'entrer dans l'épaisse forêt Daṇḍakāraṇya. Le sage Atri leur donna sa bénédiction et demanda à quelques jeunes ermites de son ashram de les guider vers la forêt. Ils devaient traverser une rivière pour entrer dans la forêt. Les ermites leur firent traverser la rivière à la rame. Après les avoir renvoyés avec amour, Śhrī Rāma, Sītā et Lakṣhmaṇa entrèrent dans la forêt, demeure de tous les dangers, peuplée de bêtes cruelles, de serpents et de *rākṣhasas*. Śhrī Rāma conseilla à Lakṣhmaṇa de tendre son arc et d'être prêt à décocher la flèche au moindre signe de danger. Sītā marchait au milieu, Rāma la protégeait par devant et Lakṣhmaṇa fermait la marche et faisait le guet. Fatigués et assoiffés, ils s'arrêtèrent près d'un lac où ils burent pour étancher leur soif, puis s'adossèrent à un arbre pour se détendre dans la fraîcheur de son ombre.

Soudain, une énorme chose s'approcha d'eux avec un grognement assourdissant. »

« Qu'est-ce que c'était, Grand-mère ? » demanda Uṇṇi, inquiet.

« Dans une main, l'horrible créature tenait des arbres qu'elle avait déracinés et dans l'autre, elle tenait une lance tâchée de sang sur laquelle étaient empalés des animaux. La bête grogna : « Qui êtes-vous ? Qui est cette charmante princesse ? »

Śhrī Rāma répondit : « Je suis Rāma et voici mon épouse Sītā. Lakṣhmaṇa est mon frère cadet. Je suis venu dans cette forêt pour tuer d'horribles *rākṣhasas* de ton espèce. »

Avec un grand mépris, le *rākṣhasa* déracina un arbre énorme et visa Rāma en disant : « Je suis Virādha, l'invincible. Si tu tiens à la vie, fuis cet endroit, mais laisse ici cette charmante princesse. » Sur ce, il s'élança vers Sītā. Les flèches de Śhrī Rāma lui coupèrent mains et jambes et finirent par le tuer. Une forme lumineuse s'éleva du corps de Virādha, puis fit le tour de Śhrī Rāma avec une grande dévotion et chanta ses louanges. La forme lumineuse dit : « Je suis Vidyādhara que la malédiction du sage Durvāsā avait transformée en un monstrueux *rākṣhasa*. Ta miséricorde m'a libéré de sa malédiction. »

Śhrī Rāma, Sītā et Lakṣhmaṇa poursuivirent leur route et atteignirent l'ermitage du sage Śharabhanga. Ravi, Śharabhanga s'inclina devant Śhrī Rāma avec une grande dévotion et chanta de nombreux hymnes à sa louange. Puis, sous leurs yeux, grâce à ses pouvoirs yogiques, Śharabhanga s'immola et monta au ciel. Ils poursuivirent leur chemin jusqu'à ce qu'ils atteignent une région où vivaient de nombreux sages. Les sages ne purent contenir leur bonheur en voyant Śhrī Rāma qui remarqua des crânes et des restes d'os entassés ça et là. Il comprit qu'il s'agissait des os de sages tués et mangés par les *rākṣhasas*. Śhrī Rāma assura aux sages qu'il tuerait les *rākṣhasas* qui les menaçaient. Il leur dit de méditer et d'accomplir leurs pratiques spirituelles sans crainte. Pendant les treize années qui suivirent, Śhrī Rāma, Lakṣhmaṇa et Sītā vécurent dans la forêt, protégeant ces sages.

Un jour, Śhrī Rāma se rendit dans un ashram magnifique appelé Sutīṣhṇashram, dans lequel vivait Sutīṣhṇa, un disciple du sage Agastya. Le bonheur de Sutīṣhṇa ne connut aucune limite lorsqu'il salua le Seigneur et le conduisit à l'intérieur. Il accomplit un rituel d'adoration en l'honneur de Śhrī Rāma et se prosterna devant lui. Il dit : « Conformément aux instructions de mon guru, je vis ici en répétant constamment le mantra de Rāma. Je prends refuge en toi. »

Śhrī Rāma lui donna sa bénédiction et lui fit part de son désir de rencontrer le sage Agastya. Le lendemain, tous les quatre prirent la direction de l'ashram d'Agastya. »

Nous pouvons traverser l'océan de l'illusion en nous cramponnant au navire des pieds du Seigneur. L'identification au corps nous enchaîne au cycle sans fin de la naissance et de la renaissance. Afin de couper la corde qui nous attache au monde, installons le Seigneur dans le sanctuaire de notre cœur.

22. Visite chez le sage Agastya et rencontre de Jaṭāyu

Grand-mère appela Uṇṇi : « Tu ne viens pas écouter le *Rāmāyaṇa* ? Ta mère est déjà dans la salle de *pūjā*. La lampe est allumée. »

Uṇṇi cria : « Grand-mère, je jouais dans le jardin. Je vais d'abord me laver les mains, les pieds et le visage. J'arrive dans une minute ! »

Grand-mère sourit, heureuse de penser que la propreté faisait partie des habitudes d'Uṇṇi. Avec Māḷu, elle se mit alors à réciter le nom de Rāma jusqu'à l'arrivée d'Uṇṇi.

« Grand-mère, je suis là ! »

Uṇṇi se blottit contre sa grand-mère. Elle embrassa son front humide. « Te rappelles-tu où nous nous sommes arrêtés, Uṇṇi ? » demanda-t-elle à son petit-fils.

« Oui, Grand-mère. Sutīṣhṇa emmène Rāma, Sītā et Lakṣhmaṇa à l'ermitage du sage Agastya. »

« Qui était Agastya ? » demanda Grand-mère.

« Le guru de Sutīṣhṇa ! » répondit promptement Uṇṇi.

« Tu as raison ! Ils marchèrent tous les quatre jusqu'à une forêt divine.

Il s'y trouvaient de nombreux ashrams. Cet endroit était un des plus beaux qu'ils aient jamais vus. Des fleurs s'y épanouissaient en toutes saisons. Les arbres étaient chargés de fruits en abondance. Une grande variété d'animaux vivait ensemble dans l'harmonie. Le gazouillis mélodieux de différents oiseaux égayait ce spectacle enchanteur.

Ils continuèrent leur marche, s'émerveillant de la beauté de la forêt. Finalement, ils atteignirent l'ashram du sage Agastya. Tous trois attendirent dehors tandis que Sutīṣhṇa s'empressait d'aller informer son guru de l'arrivée de Śhrī Rāma. Le sage Agastya fut ravi d'apprendre que Śhrī Rāma, qu'il vénérait constamment dans le temple de son cœur, était venu le voir. Accompagné de ses disciples, le sage se hâta vers le Seigneur. Il avait passé des années à attendre Śhrī Rāma et pendant toutes ces années, son cœur avait constamment murmuré le nom de Śhrī Rāma. Lorsqu'il vit Rāma, il s'exclama : « Ma vie est comblée ! »

Rāma, Sītā et Lakṣhmaṇa étaient surpris de la dévotion d'Agastya qui s'était empressé de venir à leur rencontre et de les accueillir. Ils se prosternèrent devant le grand sage. Les larmes aux yeux, Agastya vénéra Śhrī Rāma et lui offrit les fruits et les noix les plus délicieux. Il confia : « Ô Śhrī Rāma, depuis le jour de ta naissance, j'attends patiemment de te voir. Depuis, je ne cesse de répéter ton nom et d'adorer mentalement tes pieds divins. »

Il chanta de nombreux hymnes à la gloire de Śhrī Rāma. Ces cantiques dévotionnels étaient fondés sur la compréhension que Dieu est la réalité ultime, la vérité infinie. Ses hymnes parlaient de la création de l'univers, de la connaissance du Soi et de la puissance de la dévotion. Après avoir chanté de nombreux hymnes, le sage pria sincèrement Rāma : « Ô Seigneur, puisse mon esprit demeurer constamment absorbé en toi et puissent mon amour et ma dévotion augmenter de jour en jour. Puisses-tu rester toujours présent dans mon cœur, que je marche, que je sois assis ou quelle que soit l'action que j'accomplis. Après avoir ainsi prié, il apporta un arc divin, des flèches et un carquois qu'Indra, le chef des dieux, lui avait confiés autrefois pour les offrir à Śhrī Rāma.

Il pria : « Puissent tes mains réussir facilement à anéantir les méchants *rākṣhasas* ! » Puis il ajouta : « Non loin d'ici se trouve un lieu sacré appelé Pañcavaṭī. Vas-y et construis un ashram sur les rives de la rivière Gautamī. »

Śhrī Rāma écouta attentivement les conseils du sage et ses hymnes de louange. Il posa l'arc et les flèches offerts en cadeau et se prosterna devant le sage Agastya.

Après avoir fait leurs adieux au sage, Rāma, Sītā et Lakṣhmaṇa se mirent en route pour Pañcavaṭī. Chemin faisant, ils aperçurent devant eux le noble aigle Jaṭāyu, aussi énorme qu'une montagne. Śhrī Rāma ne reconnut pas l'aigle. Appelant Lakṣhmaṇa, il dit : « Je crois qu'un énorme *rākṣhasa* guette les sages qui passent par ici pour les dévorer. Passe-moi mon arc et mes flèches. Je vais l'achever sur-le-champ ! »

À ces mots, Jaṭāyu prit peur. Il dit : « Ô Rāmachandra, je t'en prie, ne me tue pas. Je suis ton dévot, Jaṭāyu. Dans ma jeunesse, j'étais l'ami de ton père. »

En entendant cela, Rāmachandra étreignit et bénit l'oiseau gigantesque. Il lui dit : « Ô roi des oiseaux ! Viens vivre près de notre ashram. Ne crains rien. » Rāma était triste d'avoir pris Jaṭāyu pour un *rākṣhasa*. Ils continuèrent leur chemin et arrivèrent à Pañcavaṭī. »

Il y avait jadis sur Terre de nombreuses forêts divines comme celle qui abritait l'ashram du sage Agastya. Aujourd'hui, elles n'existent plus que dans les légendes. Les grandes forêts, foisonnant de belles lianes, d'arbres magnifiques, d'animaux sauvages et d'oiseaux de toutes sortes, ont disparu. Par ignorance et par égoïsme, nous avons abattu ces grandes forêts. Nous savons bien que les forêts sont essentielles à la subsistance de l'humanité. Nous avons le devoir de protéger les forêts et l'environnement. Plantons davantage d'arbres.

Aspirons à voir ces grandes forêts embellir à nouveau la surface de la Terre. Que tel soit notre objectif.

23. Ils atteignent Pañcavaṭī. Śhūrpaṇakhā arrive

Grand-mère, Māḷu et Uṇṇi se retrouvèrent le soir à la lumière des lampes allumées dans la salle de *pūjā*. Grand-mère poursuivit l'histoire du prince Rāma.

« Dès que Śhrī Rāma, Sītā et Lakṣhmaṇa atteignirent Pañcavaṭī, Lakṣhmaṇa construisit une hutte de bambou et de feuilles pour Rāma et Sītā au bord de la rivière Gautamī. Pour Śhrī Rāma, Lakṣhmaṇa confectionna un matelas de fleurs. Ils vivaient heureux et en paix dans l'ashram, situé au milieu des bananiers, des manguiers, des jacquiers et de nombreux autres arbres fruitiers. Leur vie était consacrée aux pratiques spirituelles.

Un jour, Lakṣhmaṇa demanda à Śhrī Rāma de lui révéler le principe de la réalité ultime et le but de la vie. Les réponses de Śhrī Rāma se trouvent dans la section *Lakṣhmaṇōpadēśha* du *Rāmāyaṇa*. Śhrī Rāma y parle de la dévotion envers Dieu et de la connaissance du Soi qui demeure en chacun de nous. »

Regardant Uṇṇi, Grand-mère dit : « Uṇṇi, c'est quelque chose que tu dois lire et comprendre par toi-même. Tu es trop jeune pour comprendre la sagesse et la profondeur des paroles de Śhrī Rāma. L'enseignement donné à Lakṣhmaṇa porte sur la connaissance du Soi suprême que nous appelons Dieu. En lisant et en relisant cet enseignement, on comprend mieux la sagesse des paroles du Seigneur. Il accorde une importance primordiale à la dévotion envers Dieu.

Après que Śhrī Rāma eut enseigné à Lakṣhmaṇa la véritable nature du Soi, ils se reposèrent à l'ombre. C'est alors que se produisit l'incident qui allait déclencher une série d'événements et aboutir à la mort de Rāvaṇa, tué par Rāma : l'arrivée d'une *rākṣhasī* (démone) capable de changer de forme !

Alors qu'elle se promenait sur la rive de la Gautamī, elle remarqua des traces de pas charmantes, charmantes car un lotus y était dessiné. Il s'agissait des empreintes du Seigneur Rāma. Elle songea : « Ces empreintes sont si belles que l'homme qui les a laissées doit être d'une beauté resplendissante ! » Elle suivit les empreintes à la trace jusqu'à ce qu'elle parvienne à la hutte de Śhrī Rāma. Là, elle vit Śhrī Rāma assis à côté de Sītā. Le désir de l'épouser surgit dans son esprit. Elle transforma sa forme hideuse en celle d'une ravissante demoiselle, puis elle s'approcha de Rāma et lui demanda : « Ô digne prince ! Qui es-tu ? De qui es-tu le fils ? Pourquoi es-tu venu dans cette forêt ? Pourquoi es-tu vêtu d'écorce d'arbre ? Pourquoi tes cheveux sont-ils emmêlés ? Laisse-moi me présenter. Je suis la sœur de Rāvaṇa, le puissant roi des *rākṣhasas*. Mon nom est Śhūrpaṇakhā. Je peux changer de forme à volonté. J'ai trois autres frères puissants : Khara, Dūṣhaṇa et Triśhiras. Maintenant, parle-moi de toi. »

Śhrī Rāma lui répondit : « Ô belle dame, je suis Śhrī Rāma, le fils du roi Daśharatha d'Ayōdhyā. Tu vois debout là-bas mon frère cadet Lakṣhmaṇa. À mes côtés se trouve mon épouse, Sītā. »

À ces paroles, Śhūrpaṇakhā dit : « Ô vaillant prince, il m'est impossible de te quitter ! Je te prie de bien vouloir m'accepter pour épouse. »

Jetant un regard malicieux à Sītā, Śhrī Rāma dit : « Je suis un nomade errant d'une forêt à l'autre. De plus, je suis marié. Je ne peux pas abandonner ma femme. Si j'avais plus d'une épouse, cela créerait des malentendus. Tu ne serais pas en mesure de tolérer les malentendus. Mon jeune frère qui se tient là-bas est beau, et tu es riche et belle. Vous feriez un bon parti l'un pour l'autre. Va lui dire ce que tu veux. »

Dès que Śhrī Rāma eut fini de parler, Śhūrpaṇakhā s'approcha de Lakṣhmaṇa et lui demanda de l'épouser. Lakṣhmaṇa sourit et dit : « Je suis le serviteur de Śhrī Rāmachandra. Si tu m'épouses, tu deviendras une simple servante alors que tu mérites de devenir une reine ! Convaincs mon frère aîné de tes qualités exceptionnelles. Je suis sûr qu'il t'acceptera ! »

Śhūrpaṇakhā était décidée à satisfaire son désir à tout prix. Retournant auprès de Śhrī Rāma, elle déclara : « Je ferai une épouse parfaite. Nous pourrons parcourir toutes les forêts et toutes les villes et vivre sans souci. »

Śhrī Rāma dit : « Un homme a besoin d'une femme pour prendre soin de ses besoins et j'ai déjà une princesse qui prend merveilleusement bien soin de moi. Nous étions à la recherche d'une princesse pour mon jeune frère et tu es venue comme pour combler nos vœux. Retourne auprès de lui. Je suis sûr qu'il t'acceptera ! »

Lorsque Śhūrpaṇakhā retourna auprès de Lakṣhmaṇa, il la gronda : « Hé *rākṣhasī* ! Je n'ai pas d'amour pour toi. Retourne à Śhrī Rāmachandra ! »

Lorsque Śhūrpaṇakhā retourna auprès de Śhrī Rāma, elle dirigea toute sa colère et sa frustration contre Sītā, considérant que c'était à cause d'elle que son désir demeurait inassouvi. Prenant sa forme naturelle, noire et aussi grande qu'une montagne, la gueule béante, découvrant des canines en dents de scie, elle se précipita vers Sītā, prête à la dévorer. Śhrī Rāma arrêta la *rākṣhasī* meurtrière tandis que, rapide comme l'éclair, Lakṣhmaṇa le rejoignit et coupa le nez et les oreilles de la démone. Hurlant de douleur et de rage, la *rākṣhasī* s'enfuit. »

Et Uṇṇi de demander : « Grand-mère, Rāma et Lakṣhmaṇa essayaient de la détourner de son but, n'est-ce pas ? »

Grand-mère et Māḷu acquiescèrent.

Même si nous avons des yeux pour voir, sans lumière, nous ne voyons rien. La dévotion est comparable à une lampe allumée. Sans la lampe de la dévotion, il est impossible de voir le chemin qui mène à la connaissance du Soi. On ne peut pas atteindre la libération spirituelle sans dévotion.

24. Mort de Khara. Śhūrpaṇakhā se lamente

Grand-mère poursuivit l'histoire : « Uṇṇi, lorsque Śhūrpaṇakhā s'enfuit dans les bois en hurlant, Śhrī Rāma dit à Lakṣhmaṇa : « Cela pourrait donner à Rāvaṇa, le roi de Lanka, une bonne raison de nous déclarer la guerre. »

Uṇṇi demanda : « Où la *rākṣhasī* s'était-elle enfuie ? »

« Elle avait couru en hurlant chez son frère, Khara. Voyant sa sœur défigurée et pleurant de douleur et de rage, il lui demanda : « Qui t'a fait ça ? »

Śhūrpaṇakhā répondit : « Deux fils du roi Daśharatha, très beaux et rompus au maniement des armes, vivent dans cette forêt. Il y a avec eux une femme nommée Sītā. C'est en obéissant à l'ordre de son frère aîné que Lakṣhmaṇa, le cadet, m'a défigurée. Tue-les et apporte-moi leur chair dégoulinante de sang frais à manger et à boire. Alors seulement, je serai vengée ! »

Entendant cela, Khara dépêcha aussitôt quatorze puissants *rākṣhasas* pour tuer les deux frères. Śhūrpaṇakhā prit la tête de la troupe pour leur montrer le chemin et leur désigner les princes.

Uṇṇi, sais-tu quelles étaient leurs armes ? Des lances, des branches couvertes d'épines, des pilons de fer, des épées, des arcs et des flèches, des frondes, et j'en passe. S'approchant de Śhrī Rāma, ils utilisèrent toutes leurs armes contre lui. Śhrī Rāma repoussa calmement leurs attaques et les tua tous. Alarmée par la tournure désastreuse que prenaient les événements, Śhūrpaṇakhā revint en courant vers Khara pour l'informer de ce qui s'était passé. Furieux, Khara rassembla une armée de mille *rākṣhasas* et, avec ses frères Dūṣhaṇa et Triśhiras, il se lança à l'attaque des deux frères. Conscient de l'imminence d'un terrible combat à mort, Rāma apaisa Lakṣhmaṇa : « N'aie pas peur. Va mettre

Sītā à l'abri dans une grotte et monte la garde. J'affronterai et vaincrai ces monstres seul. »

Lakṣhmaṇa conduisit Sītā dans une grotte et se posta debout à l'entrée, sur le qui-vive. La horde des *rākṣhasas* se lança à l'assaut comme les rouleaux de la mer et fit pleuvoir des armes sur le seigneur Rāma. Il tua d'abord Dūṣhaṇa, puis trancha les trois têtes de Triśhiras d'une seule flèche. Lorsqu'il vit que ses deux frères étaient tombés, Khara fonça sur le Seigneur. Ils se battirent longtemps en duel. Khara était extraordinairement puissant ; sans relâche, il lacérait Rāma de tous les côtés. Rāma utilisa alors l'arc et les flèches données par le sage Agastya. Il fit voler en éclats toutes les armes que Khara utilisait contre lui. Śhrī Rāma finit par décocher une flèche divine qui décapita Khara. Sa tête coupée alla atterrir dans la cour de Rāvaṇa, à Lanka !

Lorsqu'elle vit que ses frères, à la force peu commune, avaient été tués, Śhūrpaṇakhā s'évanouit. Tous les *rākṣhasas* que Śhrī Rāma tua atteignirent *mōkṣha* (la libération spirituelle). Après s'être assurés que tous leurs ennemis étaient morts, Lakṣhmaṇa et Sītā se rendirent auprès de Śhrī Rāma. Lakṣhmaṇa se prosterna devant Rāma. Lorsque Sītā vit le corps de Rāma criblé de blessures, ses yeux s'emplirent de larmes de douleur. Doucement, Sītā caressa les plaies du corps de Rāma qui disparurent une à une. Le corps de Rāma retrouva une santé parfaite.

Les sages se réjouirent en apprenant que Rāma avait vaincu les *rākṣhasas*. Ils fabriquèrent une armure divine qu'ils offrirent à Rāma, ainsi qu'une bague et le *chūḍāmaṇi*, un bijou à porter sur la tête. Śhrī Rāma donna l'armure à Lakṣhmaṇa, le *chūḍāmaṇi* à Sītā et passa l'anneau à son doigt.

Lorsqu'elle revint à elle, Śhūrpaṇakhā s'enfuit à Lanka. Là, elle raconta ses malheurs à son frère aîné, Rāvaṇa, roi de Lanka. Elle raconta la défaite et la mort de Dūṣhaṇa, Triśhiras et Khara aux mains de Śhrī Rāma. Rusée et pleine de haine, la *rākṣhasī* inventa alors une histoire pour gagner Rāvaṇa à sa cause : « Je jouissais du paysage de Pañcavaṭī, je me promenai sur les rives de la rivière Gautamī. J'y ai vu les princes Rāma et Lakṣhmaṇa, fils du roi Daśharatha. L'épouse de Rāma, Sītā, était avec eux. Sa beauté est inconcevable. Je ne peux pas imaginer qu'il existe dans le monde entier une beauté et une douceur capables de rivaliser avec celles de Sītā. J'ai essayé de kidnapper cette beauté sans égale pour te l'offrir. Mais sur l'ordre de son frère, Lakṣhmaṇa m'a défigurée en me coupant le nez et les oreilles. Ils ont également tué nos frères. Enlève Sītā et amène-la à Lanka. Épouse-la. Tu deviendras le roi du monde. Mais souviens-toi que tu ne pourras jamais vaincre Rāma par les armes. Utilise la ruse pour l'enlever. »

C'en était fait, le mental de Rāvaṇa convoitait Sītā. Il voulait l'épouser. Il élabora alors un stratagème astucieux. »

Rien n'est impossible aux incarnations de Dieu. Néanmoins, elles sont confrontées aux mêmes difficultés qu'un être humain ordinaire. Le chemin qu'elles parcourent pour accomplir leur mission divine n'est jamais facile, il est semé d'épines. La vie des incarnations divines nous montre comment affronter et surmonter les difficultés et les obstacles que nous rencontrons dans la vie.

25. Mise à mort de Mārīcha et enlèvement de Sītā

Uṇṇi était inquiet et bouleversé. Il voulait savoir la suite. « Que s'est-il passé ? demanda-t-il à sa grand-mère. Qu'a fait Rāvaṇa ? »

« Rāvaṇa a réfléchi : « Śhrī Rāma n'est pas un simple mortel, car Il a vaincu et tué Khara, Dūṣhaṇa et Triśhiras. Peut-être est-Il le Seigneur Viṣhṇu lui-même, né sur terre pour me tuer. » Il décida d'affronter le Seigneur Rāma. « Si je gagne la guerre, la plus belle princesse des trois mondes sera à moi et ma gloire sera inégalée. Supposons que je perde la guerre. Eh bien quoi ? Si je meurs des mains du Seigneur Viṣhṇu, j'atteindrai définitivement *mōkṣha* et rejoindrai Sa demeure, Vaikuṇṭha. Dans les deux cas, j'y gagnerai, je vais donc tenter d'enlever Sītā. »

Rāvaṇa se rendit tout droit chez Mārīcha qui l'accueillit chaleureusement et s'enquit de la raison de sa visite. Rāvaṇa répondit : « Nous avons été profondément humiliés. Les fils de Daśharatha, les princes Rāma et Lakṣhmaṇa ainsi que Sītā, séjournent dans la vaste forêt inextricable de Daṇḍaka. Sans aucune provocation, Lakṣhmaṇa a défiguré ma sœur Śhūrpaṇakhā. Transforme-toi en cerf doré et jette un sort à Sītā. Elle demandera à son mari de suivre le cerf. Tu dois trouver un moyen d'éloigner Rāma et Lakṣhmaṇa de Sītā et de les séparer. Si cette ruse réussit, je pourrai enlever Sītā et l'amener ici. Il faut que tu m'aides. »

Quand il entendit les paroles de Rāvaṇa, Mārīcha fut saisi d'effroi. Il se souvenait du sort des *rākṣhasas* qui avaient tenté d'entraver le *yajña* du sage Viśhvāmitra. Mārīcha ne devait la vie qu'au pardon de Śhrī Rāma. Depuis lors, Mārīcha aimait Śhrī Rāma, le cœur plein de dévotion. Mārīcha conseilla à Rāvaṇa : « Le Seigneur Rāma est l'incarnation de Viṣhṇu, né pour te tuer. Par conséquent, au lieu d'essayer de le combattre ou de t'opposer à lui, vis en dévot de Rāma. » Rāvaṇa n'apprécia guère le sage conseil de Mārīcha et menaça de le tuer. Mārīcha pensa : « Mieux vaut mourir des mains du Seigneur Rāma en se faisant passer pour un cerf que des mains de ce monstre ! » Il accepta donc d'obéir à Rāvaṇa.

Grâce à ses pouvoirs magiques, Mārīcha prit la forme d'un charmant cerf doré. Personne ne pouvait résister à son charme captivant. Le cerf doré se mit à folâtrer près de l'ashram. Fascinée par les ébats du cerf, Sītā demanda à Śhrī Rāma de le capturer pour pouvoir jouer avec lui et en prendre soin.

Śhrī Rāma voulut satisfaire le désir de sa charmante épouse. Avant de partir à la recherche du cerf doré, Il chargea Lakṣhmaṇa de garder Sītā. Lakṣhmaṇa tenta de dissuader son frère de partir à la recherche du cerf doré, affirmant que c'était un *rākṣhasa* qui avait pris cette forme enchanteresse. Il pressentait un grave danger pour eux trois. Mais devant l'inhabituelle insistance de Sītā, Śhrī Rāma partit à la recherche du cerf doré qui jouait à cache-cache au loin. Le cerf magique échappa à Śhrī Rāma et le conduisit de plus en plus loin dans la forêt profonde. Finalement, lorsque Śhrī Rāma se rendit compte qu'il ne pourrait pas attraper le cerf avec ses mains nues, il décocha une flèche vers lui.

Le cerf reprit aussitôt sa véritable forme et imitant la voix de Śhrī Rāma, il cria sur un ton de désespoir : « Ô Lakṣhmaṇa, mon frère, sauve-moi ! » Mārīcha s'effondra, raide mort. Quand Sītā entendit l'appel, terrifiée, elle supplia Lakṣhmaṇa de courir au secours de son frère. Lakṣhmaṇa répondit : « Ce n'est pas la voix de Rāma, c'est un *rākṣhasa* qui use d'un stratagème. Mon frère m'a ordonné de ne pas te quitter. Je reste donc ici pour te protéger. »

Mais craignant pour la sécurité de son mari, Sītā perdit tout discernement. Elle déclara qu'elle se tuerait si Lakṣhmaṇa ne se portait pas au secours de son frère et elle alla jusqu'à l'accuser de souhaiter la mort de son frère ! Blessé par les accusations de Sītā, très réticent, Lakṣhmaṇa la quitta pour partir à la recherche de Rāma.

Mais avant de partir, Lakṣhmaṇa traça un cercle tout autour de la hutte et enjoignit à Sītā de ne surtout pas franchir la limite du cercle. Tant qu'elle resterait à l'intérieur du cercle, elle serait protégée de tout danger, promit Lakṣhmaṇa.

Rāvaṇa, qui observait tout du haut du ciel, prit la forme d'un *sanyāsī* (moine) et s'approcha de l'ashram. Sītā le salua respectueusement. Le *sanyāsī* lui demanda : « Qui es-tu ? À qui es-tu mariée ? »

Elle répondit : « Je suis Sītā, fille du roi Janaka. Mon époux est le prince Rāma, fils du roi Daśharatha d'Ayōdhyā. Son frère cadet Lakṣhmaṇa habite aussi avec nous. »

Rāvaṇa déclara : « Je suis Rāvaṇa, roi de Lanka. Toi qui es si belle et si jolie, pourquoi endures-tu tant de privations dans cette épaisse forêt ? Abandonne ton mari, lui qui est vêtu comme un ascète et prends-moi pour époux, moi le roi de Lanka. Tu deviendras l'impératrice de Lanka ! »

Les paroles de Rāvaṇa remplirent Sītā de crainte et de dégoût. Elle répondit : « Mon mari et son frère vont arriver sous peu et ils vont te tuer ! »

Le refus et la menace de Sītā firent trembler Rāvaṇa de colère. Il assuma sa véritable forme. En voyant ses dix têtes et ses vingt mains, Sītā se mit à trembler de peur. Les anges gardiens de la forêt furent pétrifiés à la vue de sa forme redoutable. Rāvaṇa s'empara de Sītā et l'entraîna dans son *puṣhpaka-vimāna* (char volant) qui s'envola dans les cieux en direction de Lanka. »

Sītā n'écouta pas les conseils de Lakṣhmaṇa. En lui parlant de façon cinglante, elle poussa Lakṣhmaṇa à rejoindre Śhrī Rāma. Rāvaṇa n'écouta pas l'avertissement de Mārīcha et enleva Sītā. Tout cela faisait partie du plan du Seigneur pour détruire Rāvaṇa.

Dinesh

26. À la recherche de Sītā. Rencontre de Jaṭāyu

Grand-mère continua l'histoire. « Le *puṣhpaka-vimāna* de Rāvaṇa s'envola dans les cieux avec Sītā Dēvī. »

Uṇṇi murmura tristement : « Quelle horreur ! Si seulement Sītā avait écouté Lakṣhmaṇa, elle aurait été en sécurité et il ne serait rien arrivé d'aussi affreux ! »

Grand-mère serra Uṇṇi contre elle et sourit à son innocent petit-fils. « Tout ce qui arrive est la volonté de Dieu, Uṇṇi. Il fallait à Śhrī Rāma une bonne raison d'anéantir Rāvaṇa. Il faut une raison à chaque action. Śhrī Rāma n'aurait pas pu simplement entrer à Lanka et dire à Rāvaṇa : « Hé, je suis venu pour te tuer. Combattons ! » Uṇṇi acquiesca : « C'est vrai ! » et il se mit à rire. Grand-mère et Māḷu rirent avec lui. « Que s'est-il passé ensuite ? » demanda Uṇṇi.

« Le *puṣhpaka-vimāna* traversait les cieux et Sītā s'écria : « Ô Rāma, ô Lakṣhmaṇa, sauvez-moi ! Rāvaṇa m'emporte avec lui ! Sauve-moi, ô Rāma ! Le roi des oiseaux Jaṭāyu, l'aigle immense, se reposait dans la forêt. Quand il entendit les cris de Sītā, il leva les yeux et vit Rāvaṇa emmenant l'épouse du Seigneur Rāma. Il prit aussitôt son vol et les battements de ses immenses ailes le firent rapidement arriver à la hauteur de Rāvaṇa. On aurait dit une montagne ailée. Ses puissantes ailes frappèrent le *puṣhpaka-vimāna* et le stoppèrent en plein vol. De ses puissantes serres, Jaṭāyu fit voler en éclats les flèches que Rāvaṇa lui décocha. De son bec acéré, le puissant aigle brisa la proue du *puṣhpaka-vimāna*. Furieux d'être contrarié dans sa tentative de ravir Sītā, Rāvaṇa riposta brutalement. Les deux titans s'affrontèrent ainsi dans les airs, Rāvaṇa, le roi *rākṣhasa*, et Jaṭāyu, le roi des oiseaux. Enfin, de son *chandrahāsa*, son cimeterre étincelant, Rāvaṇa trancha les deux ailes de Jaṭāyu. Impuissant, le vieil oiseau tomba sur le sol tandis que le *puṣhpaka-vimāna* s'éloignait à toute vitesse vers sa destination. Voyant cela, Sītā en larmes bénit Jaṭāyu : « Puisses-tu rester en vie jusqu'à ce que mon mari te croise et puisses-tu lui raconter ce qui s'est passé. »

Gémissant de douleur, Jaṭāyu attendit l'arrivée de Śhrī Rāma. Sītā était assise, immobile, dans le *puṣhpaka-vimāna*, méditant sur son cher Seigneur. Des larmes ruisselaient sans cesse sur son visage.

Ils volaient depuis longtemps quand Sītā aperçut cinq singes en haut d'une montagne. Elle enleva rapidement ses bijoux, déchira la moitié de son châle pour les envelopper. De toutes ses forces, elle jeta le paquet par-dessus bord en priant : « Puisse mon mari les trouver. »

Rāvaṇa ne remarqua pas le geste de Sītā. Ils traversèrent rapidement les mers et le char se dirigea droit vers le bosquet Aśhōka, situé au beau milieu du palais de Rāvaṇa. Sītā descendit du char et se réfugia à l'ombre d'un arbre *śhimśhapa*. De nombreuses *rākṣhasīs* la gardèrent nuit et jour. Sītā restait assise là, absorbée, méditant sur son Seigneur sans manger ni dormir, bravant la chaleur du jour et le froid de la nuit, le vent et la pluie. Sa tristesse était sans bornes.

Maintenant, revenons à Rāma et Lakṣhmaṇa. Après avoir tué Mārīcha, Rāma se hâta de retourner auprès de Sītā. Lorsqu'il vit au loin Lakṣhmaṇa qui venait à sa rencontre, Rāma dit : « Lakṣhmaṇa, le cerf doré, c'était Mārīcha, le magicien. Je l'ai tué. Pourquoi es-tu venu à ma rencontre ? Pourquoi as-tu laissé Sītā seule ? »

C'est en pleurant que Lakṣhmaṇa raconta à Rāma ce qui l'avait conduit à aller à la recherche de son frère aîné. « Frère aîné, dit Lakṣhmaṇa, j'ai essayé de convaincre Sītā que les appels au secours provenaient d'un *rākṣhasa* qui savait imiter ta voix, mais Sītā Dēvī a refusé de m'écouter. Elle m'a accusé d'avoir de mauvais desseins. C'est pour cela que je l'ai laissée seule et que je suis venu à ta recherche. Pardonne-moi ! »

Rāma s'élança en courant, suivi de Lakṣhmaṇa. Quand ils atteignirent l'ashram, pas de Sītā en vue. Rāma appela, la voix brisée par l'angoisse : « Sītā, ô Sītā, où es-tu ? » Il fit désespérément le tour de l'ashram. Ne sachant où aller, les frères se mirent à fouiller toute la forêt à la recherche de Sītā. Ils virent des morceaux épars de char et d'armes. Une douleur profonde dans la voix, Rāma demanda à Lakṣhmaṇa : « Un *rākṣhasa* a-t-il enlevé ma Sītā, l'a-t-il tuée et mangée? »

C'est alors qu'ils virent une forme terrible gisant immobile non loin de là. Pensant qu'il s'agissait du *rākṣhasa* qui avait mangé Sītā, Rāma se précipita vers lui, prêt à le tuer. C'était Jaṭāyu, gisant et attendant patiemment l'arrivée de son Seigneur, Śhrī Rāma. Il s'adressa à Śhrī Rāma : « Ô Rāma, ne me tue pas ! Je suis Jaṭāyu, l'ami de ton père Daśharatha. J'ai vu Rāvaṇa fendant les airs dans son char aérien, il emportait Sītā Dēvī. Je l'ai entendue t'appeler toi et Lakṣhmaṇa. Je me suis envolé dans les airs pour attaquer Rāvaṇa. Au terme d'un long combat, il m'a tranché les ailes avec le *chandrahāsa.* Sītā Dēvī m'a donné sa bénédiction et m'a accordé de rester en vie jusqu'à ce que tu me trouves et que je te raconte cette histoire. »

En dépit de sa souffrance inimaginable, Jaṭāyu était heureux de contempler, fasciné, le beau visage de son Seigneur. Il chanta des hymnes à la louange de Śhrī Rāma. Le Seigneur hissa doucement l'énorme oiseau sur ses genoux et caressa tendrement le noble volatile. Dans un état de profonde béatitude, Jaṭāyu abandonna son corps et se fondit en son Seigneur. Śhrī Rāma construisit un bûcher pour la crémation du brave oiseau. Il lui rendit également les derniers rites comme il sied à un être humain d'une grande noblesse. »

Ni la joie ni la tristesse n'affectent ceux qui sont établis dans la béatitude du Soi. Pourtant, comme il s'était incarné en tant qu'être humain, Śhrī Rāma ressentit toutes les émotions d'une noble personne. Il fut désemparé par la perte de sa chère Sītā et en resta inconsolable.

27. Histoire de Kabandha. Passage à l'ashram de Śhabarī

Grand-mère continua le récit des aventures de Śhrī Rāma. Uṇṇi et sa mère l'écoutaient en retenant leur souffle.

« C'est ainsi que Jaṭāyu atteignit *mōkṣha.* Accompagné de Lakṣhmaṇa, Śhrī Rāma continua à sillonner les forêts, se languissant de Sītā. Soudain, ils virent devant eux une créature monstrueuse qui gisait à terre. Elle avait le visage au niveau de la poitrine mais on ne voyait pas ses yeux. Ce n'était ni un oiseau ni une bête. Elle n'avait ni tête ni jambes. Cependant, elle avait de très longs bras qui s'agitaient. »

Uṇṇi dit : « Que cette créature est effrayante, Grand-mère ! »

« Oui, Uṇṇi. Même Śhrī Rāma était stupéfait. C'était un *rākṣhasa* du nom de Kabandha. Rāma dit : « Lakṣhmaṇa, nous sommes pris au piège dans les bras de cette créature. Je ne vois aucun moyen de nous échapper. Nous allons être engloutis ! »

Lakṣhmaṇa réfléchit et répondit bravement : « Frère aîné, je vais lui trancher un bras et toi l'autre. »

Sans attendre davantage, Śhrī Rāma trancha le bras droit de la créature et Lakṣhmaṇa coupa le gauche. La créature leur demanda : « Qui êtes-vous ? Personne avant vous n'a eu la force de me couper les bras ! Dites-moi pourquoi vous êtes venus dans cette forêt ! »

Śhrī Rāma déclara : « Je suis le fils aîné du roi Daśharatha d'Ayōdhyā. Voici mon jeune frère, Lakṣhmaṇa. De cruels *rākṣhasas* ont enlevé ma femme Sītā pendant notre absence. Nous allons de forêt en forêt à sa recherche. Dis-nous qui tu es. »

Il n'y avait pas la moindre de trace de colère ni de douleur dans la voix de la créature quand elle parla. En fait, il y avait même une certaine joie dans son intonation. « J'étais un beau *gandharva* (être céleste). J'ai un jour taquiné le sage Aṣhṭavakra à propos de la difformité de son corps. »

« Grand-mère, pourquoi s'est-il moqué d'un sage ? » demanda Uṇṇi.

« Le corps d'Aṣhṭavakra avait huit difformités. Kabandha avait ri par dérision en voyant sa forme singulière. Il était également fier de sa belle apparence. Furieux, le sage le maudit : « Puisses-tu devenir un *rākṣhasa* ! Au *Trētā Yuga*[11], Śhrī Rāma viendra te couper les mains ! C'est seulement alors que tu seras libéré de cette malédiction. »

C'est ainsi que le beau *gandharva* devint un *rākṣhasa*. Il combattit un jour Indra, le roi des cieux, qui lui coupa le cou, lui mit le visage au niveau de la poitrine et lui fourra la tête et les jambes dans le corps. Seules ses longues mains étaient libres de bouger. Dès lors, Kabandha survécut en attrapant et en mangeant toutes les créatures qui passaient à sa portée.

Après avoir raconté son histoire, la créature demanda à Śhrī Rāma : « Je t'en prie, brûle ce corps qui est le mien. Ensuite, je te ferai quelques suggestions quant à l'endroit où chercher Sītā. »

Kabandha mourut. Śhrī Rāma brûla son corps. Une forme divine surgit des flammes. Kabandha retrouva sa forme antérieure de beau *gandharva*. Kabandha se prosterna devant Rāma et chanta ses louanges. L'hymne était si beau que Śhrī Rāma fut satisfait de la profondeur de la dévotion du *gandharva*. Il bénit Kabandha : « Ceux qui me prient en chantant ton hymne atteindront la libération. »

---

[11] Second des quatre âges qui caractérisent un cycle de l'univers (de l'origine jusqu'à la dissolution).

Humblement, Kabandha dit au Seigneur : « Ô Toi, être plein de noblesse ! Tout près d'ici se trouve le Gautamashram. Une sage du nom de Śhabarī y vit, absorbée en méditation sur ta forme. Si tu la rencontres, elle te dira quelle direction prendre pour aller à la recherche de Sītā. »

Sur ce, le *gandharva* disparut. Śhrī Rāma et Lakṣhmaṇa arrivèrent à l'ashram de Śhabarī au bord de la rivière Pampā. En voyant le Seigneur, la vieille Śhabarī les salua et les pria de s'asseoir. Elle lava les pieds de son Seigneur et aspergea sa tête d'eau bénite. Elle accomplit la *pūjā* en l'honneur de son Seigneur, lui donna des fruits et de l'eau et chanta de nombreux chants à sa gloire. Elle déclara : « Je ne suis qu'une vieille femme sans intelligence, née dans une caste inférieure. Ô mon glorieux Seigneur, quel droit ai-je de chanter tes louanges ? »

« Śhrī Rāma répondit : « Pour atteindre le Seigneur, ce qui est essentiel, c'est une dévotion sans faille. Peu importe que l'on soit un homme ou une femme. » Il ajouta : « Ô sage ! Je t'en prie, aide-moi. J'ai besoin de savoir où chercher mon épouse Sītā ! »

Śhabarī était douée de divine clairvoyance, elle savait donc tout. Elle dit : « Je sais que tu n'ignores rien en ce monde et pourtant, puisque tu t'es incarné en être humain et que tu me demandes des informations, je vais t'en donner. Sītā Dēvī est assise dans un bosquet d'arbres *aśhōka* sur la terre de Lanka, au-delà des mers. Elle médite tristement sur ta forme divine. Rāvaṇa l'a enlevée. Va dans la chaîne de montagnes Ṛiṣhyamukha. Sugrīva, le singe, y vit en exil avec quatre de ses ministres. Il craint son frère aîné Vālī. Forge une alliance avec Sugrīva. Alors tu accompliras sans peine tout ce que tu es venu faire ici-bas. »

Śhabarī ferma les yeux et se mit à réciter le mantra de Śhrī Rāma. Grâce à ses pouvoirs yogiques, elle alluma un feu de l'intérieur et se fondit en lui. C'est ainsi que Śhabarī atteignit *mōkṣha.* »

Śhrī Rāma est un trésor de compassion. Il accorde la libération à quiconque lui est dévoué. Il n'est pas nécessaire d'accomplir des yajñas ou de méditer intensément. Récite constamment le mantra Rāma et sache que le Seigneur est la pure Conscience qui imprègne l'univers entier.

28. Rencontre d'Hanumān. Amitié de Sugrīva

Grand-mère dit : « Uṇṇi, nous entrons maintenant dans la section Kiṣhkindhā du *Rāmāyaṇa.* Suivant les conseils de Śhabarī, Śhrī Rāma et Lakṣhmaṇa entreprirent le long voyage en direction des chaînes de montagnes Ṛiṣhyamukha. Lorsqu'ils atteignirent les rives de la Pampā, ils virent des animaux sauvages, des lions et des léopards, venir se désaltérer à la rivière foisonnante de lotus roses et rouges. Des cygnes et des poules d'eau nageaient de-ci de-là et l'endroit bourdonnait de nombreuses abeilles affairées. Śhrī Rāma et Lakṣhmaṇa s'abreuvèrent aux eaux claires, ils avançaient lentement. La douce brise répandait le parfum des fleurs ornant les arbres. Śhrī Rāma était triste en pensant que Sītā n'était pas à ses côtés pour profiter de la douce brise et de la beauté de la forêt. Il parla à Lakṣhmaṇa tandis qu'ils se dirigeaient vers la chaîne de montagnes Ṛiṣhyamukha.

Quelqu'un les observait de près tandis qu'ils approchaient de la montagne. Savez-vous qui ? C'était Sugrīva. Uṇṇi, tu te souviens de Sugrīva, n'est-ce pas ? »

Uṇṇi répondit : « Bien sûr ! Sugrīva se cachait dans la montagne parce qu'il avait peur de son frère aîné Vālī. »

Lui tapotant le dos, Māḷu lui dit : « Uṇṇi, tu écoutes vraiment l'histoire avec beaucoup d'intérêt et de concentration ! »

Caressant affectueusement les joues du jeune garçon, Grand-mère reprit. « Lorsque Sugrīva vit les deux étrangers s'approcher de la montagne, il prit ses jambes à son cou. Il convoqua ses quatre ministres et tous grimpèrent rapidement jusqu'au sommet de la montagne. Il s'adressa à Hanumān : « Hé Vāyuputra, fils du vent, deux jeunes hommes armés arrivent par ici ! Leur apparence est radieuse ! Qu'est-ce qui les amène ? Seraient-ils envoyés par mon frère ? Sont-ils venus pour se débarrasser de moi ? Va les voir. Renseigne-toi discrètement sur eux. Fais-moi signe pour que je sache si ce sont des amis ou des ennemis. »

Déguisé en *brāhmane*, Hanumān s'approcha de Rāma et de Lakṣhmaṇa. Les mains jointes, il les salua avec révérence. « Ô beaux jeunes gens ! Vous semblez être des dieux descendus sur Terre sous forme de mortels. Votre aura vous enveloppe d'un éclat divin. Dites-moi, je vous prie, ce qui vous amène dans ces montagnes. »

Śhrī Rāma répondit : « Ô grande âme ! Nous sommes les fils du roi Daśharatha d'Ayōdhyā. Mon épouse Sītā Dēvī nous accompagnait. Sur l'ordre de mon père, nous étions allés dans la forêt de Daṇḍaka pour méditer et vivre en ascètes. De cruels *rākṣhasas* ont enlevé Sītā Dēvī. Nous allons de forêt en forêt à sa recherche. Jusqu'à présent, nos recherches ont été vaines. À présent, parle-nous de toi. »

Hanumān reprit sa vraie forme et s'inclina humblement devant eux deux en disant : « Le roi des singes nommé Sugrīva vit au sommet de cette montagne. Quatre d'entre nous, ses loyaux ministres, sont avec lui. Son frère aîné, Vālī, a enlevé la femme de Sugrīva et nous a chassés du royaume. Un sage a un jour maudit Vālī : si jamais il s'aventurait dans les montagnes Ṛiṣhyamukha, sa tête exploserait. C'est pour cela que Vālī n'ose pas venir ici. Sugrīva est en sécurité dans cette cachette. Sugrīva et vous avez tout intérêt à conclure un pacte pour venir à bout de vos ennemis respectifs et vous entraider. »

Hanumān hissa alors Rāma et Lakṣhmaṇa sur ses fortes épaules et les porta jusqu'au sommet de la montagne. Il dit à Sugrīva : « Ô Sugrīva, fils du dieu Soleil ! Ne crains plus rien ! Rāma et Lakṣhmaṇa sont des dieux qui se sont incarnés en êtres humains dans la dynastie du Soleil. Un *rākṣhasa* a enlevé Sītā Dēvī, l'épouse de Rāma. Les princes ont écumé forêt après forêt à sa recherche. Prosterne-toi devant eux et propose leur de conclure un pacte. »

Sugrīva se prosterna devant Rāma. Lakṣhmaṇa lui fit un bref compte-rendu de ce qui s'était passé. Après avoir écouté Lakṣhmaṇa, Sugrīva assura à Rāma : « Fais-moi confiance, je chercherai et trouverai Sītā Dēvī pour toi. Considère que je suis à toi. Si c'est Rāvaṇa qui l'a enlevée, je n'aurai de cesse de détruire toute sa race. J'en fais solennellement le serment. »

Il raconta alors à Rāma ce qu'il avait vu récemment. « Un jour, nous avons vu un *rākṣhasa* qui emportait une belle dame dans le ciel. Elle criait : « Rāma ! Rāma ! » Quand elle nous a vus, elle a emballé quelques bijoux dans un morceau de tissu et a jeté le paquet par terre. Je l'ai gardé en sécurité. »

Sugrīva apporta alors le paquet qu'il déposa devant Rāma. Dès que Rāma vit les bijoux, des larmes inondèrent son visage. Sanglotant comme un simple mortel, il se tourna vers son frère : « Lakṣhmaṇa, regarde ! Ce sont les bijoux de ma Sītā, n'est-ce pas ? »

Lakṣhmaṇa répondit : « Les bracelets de cheville sont les siens. Je les vois tous les jours quand je me prosterne devant elle. »

Sugrīva et Lakṣhmaṇa s'efforcèrent de consoler Rāma, accablé de chagrin. Choisissant un moment propice, Hanumān alluma un feu. Devant le feu, prenant les flammes divines à témoin, Śhrī Rāma et Sugrīva conclurent un pacte d'amitié. Ils pensaient que ce pacte les aiderait tous les deux à retrouver les précieux trésors qu'ils avaient perdus. »

Même les êtres plus forts ont à un moment donné besoin de l'aide d'autrui. Même une incarnation divine a eu besoin de l'aide d'un autre pour parvenir à ses fins. Si nous devons nouer des liens d'amitié, faisons en sorte que ce soit avec de bonnes personnes.

29. Cause de la rupture entre Vālī et Sugrīva

Uṇṇi demanda à sa grand-mère : « Grand-mère, pourquoi Vālī voulait-il tuer Sugrīva ? Sugrīva n'est-il pas son frère cadet ? Pourquoi quelqu'un voudrait-il tuer son propre frère ? »

« Uṇṇi, c'est exactement la question que Śhrī Rāma posa à Sugrīva : « Quelle est la cause de votre inimitié ? »

Sugrīva raconta les événements qui conduisirent les deux frères à se détester. Un jour, un *rākṣhasa* arrogant du nom de Māyāvī provoqua Vālī. Enragé par le défi, Vālī donna un violent coup de poing au *rākṣhasa*. Réalisant que Vālī était plus fort que lui, Māyāvī s'enfuit pour sauver sa peau. Vālī voulait tuer ce *rākṣhasa* qui était aussi un grand magicien et il le suivit en courant.

Pour aider son frère en cas de besoin, Sugrīva suivit Vālī en courant. Māyāvī se précipita à l'intérieur d'une grotte souterraine. Vālī l'y suivit. Mais avant de s'enfoncer dans la grotte profonde, Vālī se tourna vers Sugrīva et lui dit : « Frère, reste ici et fais le guet. Je vais poursuivre le *rākṣhasa* et le tuer ! S'il sort du lait de cette grotte, sache que le *rākṣhasa* a été tué. S'il en sort du sang, prends garde à un danger imminent. Bloque l'entrée de la grotte et règne sur le royaume. »

Sugrīva monta fidèlement la garde à l'entrée de la grotte. Au bout d'un mois, Vālī n'était toujours pas revenu. Un jour, il vit du sang s'échapper de la grotte. Affligé, Sugrīva pensa que son frère aîné avait été tué par le *rākṣhasa*. Il ferma l'accès de la grotte avec d'énormes rochers pour empêcher Māyāvī de s'échapper. Il retourna au royaume et informa la cour et les conseillers du décès de son frère aîné. Le royaume observa une période de deuil. Puis Sugrīva fut couronné roi.

Longtemps après, Vālī réapparut. Il croyait que Sugrīva avait fermé l'entrée de la grotte pour le tuer. Il resta sourd aux explications de son frère. Vālī était si furieux qu'il fonça sur Sugrīva, décidé à le tuer. Sugrīva s'enfuit pour sauver sa peau. Vālī le poursuivit, décidé à se venger. Sugrīva courut sans s'arrêter jusqu'aux monts Ṛiṣhyamukha.

Ces montagnes étaient interdites à Vālī à cause d'une malédiction. C'était le seul endroit où Sugrīva pouvait demeurer sans craindre d'être pourchassé. Il dit alors à Rāma : « Mon frère a été jusqu'à épouser ma femme. J'ai perdu mon pays, ma maison et ma femme. Ô Seigneur ! Tu dois me sauver ! »

Śhrī Rāma le consola : « Ne t'afflige pas. Je vais tuer ton ennemi et te rendre le royaume, les richesses et ta femme. »

Sugrīva se réjouit d'entendre les paroles de Śhrī Rāma, mais ajouta en hésitant : « Seigneur, il n'est pas facile de tuer Vālī, le fils d'Indra. Un jour, un *asura* nommé Dundubhi avait provoqué Vālī en duel. Dundubhi avait pris la forme d'un buffle diabolique. Empoignant ses cornes acérées, Vālī l'avait renversé. Le maintenant au sol avec sa jambe, il lui avait arraché le cou et l'avait envoyé au loin. Le cou et le visage du taureau avaient atterri ici. À cette époque, l'ashram de Mātanga Maharṣhi était situé ici. Le sang du taureau souilla l'ashram et ses environs. Le sage, furieux, maudit Vālī : si ce dernier venait un jour sur cette montagne, sa tête exploserait. C'est pourquoi je vis ici sans crainte. Regarde au loin, mon Seigneur, vois la tête de Dundubhi éparpillée là-bas comme une montagne noire. Seul celui qui est assez fort pour ramasser cette tête monstrueuse et la jeter au loin peut tuer Vālī. »

Rāma sourit des paroles de Sugrīva et de l'hésitation qu'il lisait dans son regard. Il tendit la jambe et, de son gros orteil, donna une pichenette à l'énorme crâne. Celui-ci vola dans les airs et retomba à plus d'une centaine de kilomètres de là. Émerveillé par la puissance du Seigneur, Sugrīva s'inclina joyeusement devant lui.

Mais il restait encore un défi à relever. Sugrīva désigna sept grands arbres formant un cercle. « Vālī utilise ces sept arbres pour tester sa force. Lorsqu'il secoue ces arbres, toutes leurs feuilles tombent. Si mon Seigneur peut abattre ces sept arbres d'une seule flèche, la défaite de Vālī est certaine. »

Sans la moindre hésitation, Śhrī Rāma décocha une flèche qui déracina les sept arbres et, poursuivant sa course, s'enfonça dans la montagne et la terre avant de revenir prendre place dans son carquois. Sugrīva était stupéfait ! Fou de joie d'avoir rencontré le Seigneur, il tomba avec dévotion aux pieds de Rāma. »

Vālī et Sugrīva étaient très attachés l'un à l'autre, mais les circonstances ont eu raison de cet amour fraternel. Ce genre d'imprévu peut très bien arriver dans notre vie. Un malentendu change parfois le cours d'une vie. Faisons preuve de discernement et de calme afin de comprendre ce qui se passe réellement. La grâce de Dieu est nécessaire pour faire face aux malheurs. La grâce divine se répand sur les dévots pleins d'innocence.

30. Mise à mort de Vālī

Grand-mère était assise devant la lampe allumée dans la salle de *pūjā* et récitait ses prières. Au bout d'un certain temps, elle reprit l'histoire du prince Rāma. Uṇṇi et Māḷu l'écoutaient avec attention.

« Sugrīva se réjouit lorsqu'il comprit que Rāma avait la force de tuer Vālī. Cette conviction le remplit de dévotion. Śhrī Rāma l'étreignit et lui dit : « Sugrīva, va sans plus attendre défier Vālī au combat. Je le tuerai et te couronnerai roi de Kiṣhkindhā. »

Sugrīva se mit aussitôt en route. Parvenu aux abords du palais de Kiṣhkindhā, il hurla un défi à Vālī. Frémissant de rage, incapable de se contrôler, Vālī se précipita pour tuer Sugrīva. Il s'ensuivit un long corps à corps à mains nues. Tous deux étaient couverts de sang. Sugrīva s'affaiblissait rapidement sous la pluie des coups de Vālī. Ils se ressemblaient tant que Rāma ne pouvait les distinguer l'un de l'autre. Sugrīva battit en retraite. Hors d'haleine et épuisé, il se dirigea vers Śhrī Rāma. Il se plaignit : « As-tu l'intention de laisser Vālī me tuer ? J'ai cru à tes promesses, mais à présent elles me semblent vaines ! »

Śhrī Rāma rassura Sugrīva épuisé : « N'aie aucune crainte. Ensanglantés tous deux, vous étiez à mes yeux si semblables que je ne pouvais pas vous distinguer l'un de l'autre. Tiens, laisse-moi te mettre au cou cette guirlande de fleurs. Porte-la lorsque tu retourneras défier Vālī pour reprendre le combat. »

Śhrī Rāma mit la guirlande de fleurs au cou de Sugrīva et ce dernier se rendit de nouveau aux portes du palais pour défier Vālī. De rage, l'entêté Vālī bondit mais Tārā, son épouse, l'arrêta. Elle lui conseilla : « Ne relève pas le défi. Si Sugrīva, qui s'est enfui après sa défaite, est revenu te défier à nouveau, sois sûr qu'un grand guerrier est à ses côtés pour le soutenir. »

Vālī répondit : « Lorsque l'ennemi me met au défi, je n'agis pas comme un lâche et je ne reste pas à l'intérieur. Je n'ai fait de mal à personne. Je n'ai pas d'autre ennemi. J'achèverai quiconque est venu dans l'intention de me tuer et puis je reviendrai auprès de toi. »

Tārā lui dit : « Notre fils Angada m'a aujourd'hui confié un secret. Les fils de Daśharatha, les valeureux princes Rāma et Lakṣhmaṇa, sont du côté de Sugrīva. Quelqu'un a enlevé l'épouse de Śhrī Rāma. Ils sont venus à sa recherche dans les montagnes Ṛiṣhyamukha et ils ont conclu un pacte avec Sugrīva. Śhrī Rāma a promis à Sugrīva de te tuer et de le couronner roi. En retour, Sugrīva a promis d'aider Rāma à chercher et à trouver Sītā. Angada l'a appris grâce à des agents secrets. Tu ne peux pas gagner contre Śhrī Rāma. Par conséquent, fais la paix avec Sugrīva. »

Vālī répondit : « Ne pleure pas à cause de moi. Je suis bien conscient que Śhrī Rāma est l'incarnation humaine du Seigneur Viṣhṇu. Qui en ce monde a plus de dévotion envers Rāma que moi ? Rāma est pure compassion envers ses dévots. Je n'ai pas peur de l'approcher. »

Sur ce, furieux, Vālī se précipita pour tuer Sugrīva. Il est difficile de décrire le combat féroce qui s'ensuivit. C'était comme un choc de titans ! Sugrīva vacilla, affaibli par les coups puissants de Vālī. De derrière quelques arbres, Śhrī Rāma sortit l'arme *indrāstra*, il visa Vālī et la propulsa. Elle déchira la poitrine de Vālī qui s'effondra dans un énorme rugissement. Il demeura inconscient quelque temps. Lorsqu'il ouvrit les yeux, il vit devant lui le Seigneur Rāma et Lakṣhmaṇa. Avec beaucoup d'amertume et de tristesse,

Vālī dit : « Ô Rāmachandra ! Pourquoi t'être caché pour me lancer une flèche ? Quel tort t'ai-je fait ? Tout le monde dit que tu es un homme de droiture, grand et noble. Pourquoi tant de cruauté à mon égard ? J'aurais tué Rāvaṇa pour toi et ramené Sītā Dēvī saine et sauve. »

Rāma répondit : « Ton comportement envers ton frère a été vil et ignoble. Tu as même pris sa femme. Si je te tue, c'est pour rétablir le *dharma*, ce qui est juste. »

Quand Vālī entendit ces paroles cinglantes, son cœur et son esprit devinrent purs. Il eut l'impression de voir le Seigneur Viṣhṇu Lui-même debout devant lui et de recevoir son *darśhan*. Les mains jointes en signe de dévotion, Vālī dit : « Pardonne-moi mes péchés. C'est une grande bénédiction d'avoir ton *darśhan* au moment de la mort. Protège mon fils Angada. Je t'en prie, retire la flèche qui me transperce le cœur. Caresse-moi et accorde-moi la libération. »

Avec beaucoup d'amour, Śhrī Rāma retira la flèche qui transperçait la poitrine de Vālī et le caressa doucement. Avec un soupir de pure félicité, Vālī ferma les yeux et atteignit la Libération.

Lorsqu'elle apprit la mort de son mari, Tārā accourut sur les lieux de son décès et adressa à Śhrī Rāma des paroles pleines de colère et de chagrin. Très affectueusement, le Seigneur fit prendre conscience à Tārā de la nature du Soi suprême. Śhrī Rāma lui expliqua les principes du soi individuel, du Soi suprême, du corps, du mental et de l'intellect. Cet enseignement est connu sous le nom de *Tārōpadēśham*. Tārā comprit la nature de l'univers, elle devint calme et paisible.

Śhrī Rāma conseilla ensuite à Angada d'accomplir les derniers rites et le rituel de crémation de Vālī. Après les rites funéraires, Il demanda à Lakṣhmaṇa de couronner Sugrīva roi de Kiṣhkindhā. Le Seigneur n'entra pas à Kiṣhkindhā, car Il s'était engagé à ne jamais entrer dans une ville pendant son séjour dans la forêt. Il donna ses instructions à Sugrīva : « Proclame Angada prince héritier. Gouverne le pays aussi parfaitement que ton frère Vālī. Donne-moi des nouvelles du lieu où se trouve Sītā dans les quatre mois à venir. »

Suivant les instructions de Śhrī Rāma, Lakṣhmaṇa couronna Sugrīva roi. »

L'ignorance voile la lumière intérieure du Soi. Comme le cristal pur reflète les couleurs qui l'entourent, le Soi pur reflète les attributs de l'ignorance. Lorsque l'homme s'établit dans la connaissance du Soi, il devient pur et atteint la libération.

31. Dialogue entre Hanumān et Sugrīva. Chagrin de Śhrī Rāma

Uṇṇi arriva à la salle de *pūjā* et s'assit pour prier avec sa grand-mère en attendant sa mère. Māḷu entra après avoir endormi Śhrīkuṭṭi, la petite sœur d'Uṇṇi.

« Une fois Sugriva couronné roi de Kiṣhkindhā, Lakṣhmaṇa retourna auprès de Śhrī Rāma. Tous deux prirent la direction du sommet du mont Pravarṣhaṇa. Alors qu'ils grimpaient et qu'ils admiraient la beauté du paysage en contrebas, ils virent une grotte dorée. Les alentours de la grotte, boisés et verdoyants, étaient nimbés d'une aura dorée. L'atmosphère était d'une pureté cristalline et il y faisait bon. Śhrī Rāma choisit cet endroit agréable pour y pratiquer quatre mois d'austérités.

À force de vivre dans cette atmosphère, un désir intense s'éveilla chez Lakṣhmaṇa : apprendre comment atteindre *mōkṣha* grâce à la *pūjā*, le culte d'adoration rituelle rendu au Seigneur. Il pria Śhrī Rāma de l'initier et le Seigneur lui apprit les diverses manières d'accomplir une *pūjā* pour atteindre *mōkṣha*. Il enseigna également à Lakṣhmaṇa les principes universels qui sous-tendent chaque aspect de la *pūjā*. On appelle *Kriyamārgōpadēśham* cette partie du *Rāmāyaṇa*.

Uṇṇi, tu es encore un petit garçon. Quand tu seras grand et que tu voudras comprendre les secrets de ce vaste univers et de la réalité ultime, il faudra que tu lises le Rāmāyaṇa. »

Uṇṇi acquiesça : « Oui, Grand-mère. »

Grand-mère reprit : « Les instructions de Śhrī Rāma à Tārā et à Lakṣhmaṇa sur les principes universels, le Soi suprême et la manière de se fondre en lui révèlent qu'il est une incarnation divine. Les événements tragiques de sa vie révèlent l'humanité de Rāma : sa compassion, sa sensibilité et sa considération pour les autres. Tandis que Rāma enseignait les principes spirituels à Lakṣhmaṇa, il fut soudain envahi par le souvenir de Sītā et cela le fit pleurer de chagrin et de nostalgie. Il était inconsolable. Rāma passa beaucoup de temps au sommet de la montagne à se languir de Sītā.

Voyons maintenant ce qui se passait à Kiṣhkindhā. Sugrīva s'adonnait avec excès aux plaisirs qui s'offrent à un roi. Il semblait avoir oublié le pacte conclu avec Śhrī Rāma. Hanumān l'avait bien compris. Un jour, alors qu'il se trouvait seul avec le roi, il s'inclina devant lui en disant : « Ô roi ! Écoute attentivement ce que je vais te dire. As-tu oublié le pacte que tu as conclu avec Śhrī Rāmachandra ? Il a honoré votre traité en tous points. Tu es maintenant le roi de Kiṣhkindhā. Je sens que tu ne lui es pas reconnaissant de ce qu'il a fait. Ceux qui oublient l'aide reçue sont des cadavres vivants. Śhrī Rāma t'attend, c'est certain. Le délai qu'il t'a accordé est presque écoulé. Tu te prélasses dans l'ivresse. Rappelle-toi que la flèche qui a tué Vālī est toujours entre les mains de Śhrī Rāmachandra ! »

Sugrīva fut soudain effrayé par le terrible avertissement que lui donnait Hanumān. Il regretta aussi d'avoir oublié le Seigneur et sa mission. Il déclara : « Ô Vāyuputra, quelle bénédiction d'avoir des ministres comme toi qui me ramènent sur le droit chemin. Envoie immédiatement un message aux sept îles et demande à tous les singes courageux de se rassembler ici. Ceux qui désobéiront à mes ordres seront exécutés sans sommation. J'ai dit ! » Hanumān exécuta cet ordre.

Au même moment, les jours paraissaient bien longs à Śhrī Rāma qui se désolait en pensant à Sītā. Il dit à Lakṣhmaṇa : « Nous ne savons pas qui a emporté Sītā ni où. Sugrīva semble nous avoir oubliés, il se complaît dans le luxe. Mes quatre mois d'austérités sont terminés. Sugrīva n'a même pas commencé ses recherches. Je sens qu'il va bientôt suivre le même chemin que son frère ! »

D'un tempérament bouillant, Lakṣhmaṇa fut incapable de contrôler davantage la colère qui couvait en lui. Il bondit en disant : « Je vais achever Sugrīva ! »

Rāma le retint : « Ne le tue pas. Veille seulement à ce qu'il prenne vraiment peur ! Rappelle-lui simplement : « Le temps est venu pour toi d'emprunter le même chemin que Vālī. » Nous pourrons envisager les possibilités qui s'offrent à nous une fois que nous aurons entendu sa réponse. »

Obéissant à l'ordre de son frère, Lakṣhmaṇa descendit des montagnes, arriva au palais de Sugrīva et fit résonner la corde de son arc. Tremblant de terreur, les singes se mirent à courir dans tous les sens. Angada et Hanumān vinrent en toute hâte à la rencontre de Lakṣhmaṇa, ils s'inclinèrent pieusement devant lui et l'invitèrent à entrer au palais. La cordialité de leur accueil apaisa la colère de Lakṣhmaṇa.

Tārā lui dit : « Ne t'emporte pas contre Sugrīva, il a donné l'ordre aux armées de singes de se rassembler à Kiṣhkindhā et elles arrivent. »

Lakṣhmaṇa se présenta à Sugrīva et le réprimanda : « Pourquoi as-tu oublié mon frère, Śhrī Rāmachandra ? Rāma possède toujours la flèche qui a tué Vālī ! »

Rempli de remords, Sugrīva se leva de son trône et se prosterna devant Lakṣhmaṇa. Hanumān expliqua : « Sugrīva n'a pas oublié Śhrī Rāma. Il a fait des préparatifs pour partir à la recherche de Sītā. Venues de partout, les armées de singes convergent ici. Notre victoire ne saurait tarder. »

Avec humilité et dévotion, Sugrīva fit asseoir Lakṣhmaṇa, puis il lui rendit hommage. Il chanta également les louanges de Śhrī Rāma.

Lakṣhmaṇa entendit le repentir de Sugrīva et sa colère s'évapora. Il dit : « Ton indolence m'avait mis en rage, j'ai donc parlé sous le coup de la colère. Pardonne la dureté de mes paroles. Rendons-nous sur le champ auprès de mon frère Rāma. Il est seul au sommet de la montagne. »

« Oui, mettons-nous immédiatement en route », dit Sugrīva, qui fit aussitôt des préparatifs pour aller rejoindre Śhrī Rāma.

L'erreur est humaine. On a beau occuper une position élevée, si l'on commet une erreur, il faut demander pardon, même aux plus humbles créatures. Il faut aussi cultiver un cœur suffisamment ouvert pour pardonner les erreurs d'autrui.

32. L'histoire de Svayamprabhā

La lampe à huile était allumée dans la salle de *pūjā*. Grand-mère poursuivit la narration du *Rāmāyaṇa*.

« Lakṣhmaṇa et la bande de singes qui incluait le roi Sugrīva, Hanumān, Angada et Nīla, se mirent en route pour aller retrouver Śhrī Rāma. Au terme d'un long voyage, ils le virent assis à l'entrée d'une grotte. Même si la séparation d'avec Sītā tourmentait le Seigneur, il sourit gracieusement à Sugrīva, l'étreignit et le fit asseoir près de lui. Il lui dit : « J'espère que tu vas bien. »

Le cœur de Sugrīva déborda de joie. Désignant l'armée de singes, il dit : « Mon Seigneur, voici des singes courageux et habiles, prêts à exécuter tes ordres. » Il expliqua à Rāma la force et les capacités de chaque commandant. Il désigna le puissant Jāmbavān, le commandant en chef de son armée de singes, et Hanumān, son brillant premier ministre. « À vos ordres, mon Seigneur ! Nous voici, prêts à tout ! »

Le Seigneur dit : « Sugrīva, réfléchis bien, prends les bonnes décisions et agis en conséquence ! »

Obéissant aux instructions de Rāma, Sugrīva envoya son armée dans toutes les directions. Chaque division comptait cent mille singes. Il dit : « Revenez d'ici 30 jours avec des informations sur le lieu où se trouve Sītā Dēvī. Ceux qui tarderont seront exécutés ! »

Les différentes divisions partirent pour leur quête sacrée. Hanumān s'approcha de Rāma et se tint devant lui, les paumes jointes en signe d'adoration. Rāma retira l'anneau qui lui avait été donné par les sages. Il le donna à Hanumān en disant : « Vāyuputra, dépose cet anneau sur lequel est gravé mon nom dans la main de Sītā. De cette façon, tu pourras gagner sa confiance. Tu es le seul capable d'accomplir cette mission. » Il confia également à

Hanumān une phrase connue seulement de Sītā et de lui afin de convaincre Sītā qu'il était bien le messager de Rāma.

Sous la conduite de Jāmbavān et de Nīla, l'armée des singes se mit en route vers le sud où se trouvait le royaume de Rāvaṇa. Ils fouillèrent en chemin toutes les montagnes et les villes jusqu'à ce qu'ils atteignent l'épaisse forêt qui recouvre les monts Vindhya. Ils confondirent un *rākṣhasa* errant qui attaquait les animaux sauvages et les mangeait vivants avec Rāvaṇa et ils le tuèrent. Lorsqu'ils se rendirent compte de leur erreur, ils reprirent leurs recherches. Ils s'enfoncèrent dans une sombre forêt. La soif leur desséchait les lèvres, la langue et la bouche. Il n'y avait d'eau nulle part. »

Uṇṇi dit : « Quelle horreur ! N'y avait-il ni étangs ni ruisseaux dans la forêt ? »

« Non, Uṇṇi, ils cherchèrent partout sans trouver le moindre ruisseau. »

« Que s'est-il passé ensuite ? »

« Par la grâce de Dieu, ils découvrirent une grotte. L'entrée de la grotte était partiellement cachée par des lianes. Les singes remarquèrent des oiseaux qui volaient hors de la grotte ; les ailes des oiseaux dégoulinaient d'eau, signe infaillible qu'il y avait de l'eau à l'intérieur de la grotte. Sous la conduite d'Hanumān, les singes entrèrent dans la grotte. Il faisait nuit noire à l'intérieur, ils ne se voyaient pas et furent pris de peur, ne sachant où se trouvaient l'entrée et la sortie. Les singes décidèrent de se tenir par la main et d'avancer lentement, en file indienne.

Après avoir avancé un long moment à petits pas dans l'obscurité, ils virent soudain de la lumière au loin, devant eux. En continuant leur marche, ils atteignirent un endroit d'une beauté incroyable. Il y avait des étangs aussi étincelants que des pierres précieuses, des arbres chargés de fruits et des maisons où l'on avait préparé et servi du miel et de délicieux aliments. Étonnés, les singes continuèrent à avancer. Ils découvrirent une femme rayonnante, une sage, qui méditait sur un trône d'or incrusté de joyaux. Les singes se prosternèrent devant la sainte. Joyeusement, elle leur demanda : « Qui êtes-vous ? Pourquoi êtes-vous venus ici ? Qui vous a guidés jusqu'ici ? Où allez-vous ? »

Hanumān s'inclina humblement devant la femme radieuse et lui raconta l'histoire de Rāma ; il lui expliqua qu'ils étaient une armée de 100 000 singes se dirigeant vers le sud à la recherche de Sītā. Ils étaient assoiffés et avaient erré dans la grotte à la recherche d'eau, si précieuse. Hanumān demanda alors humblement : « Je vous en prie, dites-nous qui vous êtes. Nous aimerions le savoir. »

Quand elle entendit parler de Rāma qu'Hanumān avait évoqué avec la plus grande dévotion, son visage se mit à rayonner de bonheur. Elle dit : « Ô singes, rassasiez-vous de fruits et buvez à volonté de cette eau pure. Revenez me voir après avoir apaisé votre soif et votre faim. Je vous parlerai alors de moi. »

Les singes croquèrent les fruits, burent l'eau, mangèrent tout le miel et revinrent rassasiés. Ils s'inclinèrent devant la sage rayonnante qui raconta son histoire à Hanumān. « Viśhvakarma, l'architecte céleste, avait une fille très belle nommée Hēmā, une danseuse très douée. Satisfait de ses talents de danseuse, le Seigneur Śhiva lui fit don de cette belle demeure. Hēmā y vécut heureuse pendant des éons, après quoi elle se fondit en Dieu. Je suis sa compagne, Svayamprabhā. Je suis la fille d'un *gandharva* (être céleste) et une dévote de Viṣhṇu. Hēmā m'a conseillé de rester ici. Elle m'a révélé que le Seigneur Viṣhṇu s'incarnerait sous la forme de Śhrī Rāma dans le *Trētā Yuga*, qu'une armée de singes viendrait ici à la recherche de Sītā Dēvī et que je devrais leur préparer un festin et un endroit où se reposer et se rafraîchir. Ensuite, suivant les conseils d'Hēmā, je devais aller voir Śhri Rama et atteindre *mōkṣha* en sa sainte présence. Je vous attends ici depuis de nombreux siècles, absorbée dans la récitation du saint nom de Śhrī Rāma. Je vous en prie, fermez les yeux. Je vais vous mettre sur le bon chemin. Ensuite, j'irai recevoir le *darśhan* du Seigneur Rāma ! »

Les singes s'immobilisèrent et fermèrent les yeux. Grâce à ses pouvoirs yogiques, Svayamprabhā les téléporta dans la forêt et leur indiqua le bon chemin. Elle se rendit ensuite à l'endroit où se trouvait Śhrī Rāma, accompagné de Lakṣhmaṇa et de Sugrīva. Elle se prosterna devant son Seigneur, chanta ses louanges et en fit la circumambulation avec révérence. L'hymne glorifiant le Seigneur est connu sous le nom de *svayamprabhā stuti* dans le *Rāmāyaṇa.* Elle se prosterna à maintes reprises devant le Seigneur. Śhrī Rāma la bénit et lui conseilla de se retirer dans le Badaryashram et de méditer sur lui. Svayamprabhā y passa le reste de sa vie en ascète et se fondit finalement dans les pieds sacrés du Seigneur Nārāyaṇa. »

Ceux qui, grâce à leur dévotion pour le Seigneur, ont obtenu la connaissance du Divin, connaissent le passé et l'avenir.

33. Les doutes d'Angada. Les paroles de Sampāti

Grand-mère attendait Uṇṇi et Māḷu dans la salle de *pūjā*. À la lumière de la lampe à huile, les images des divinités rayonnaient doucement. Māḷu et Uṇṇi s'installèrent et dirent leurs prières, puis Grand-mère reprit la narration de l'histoire du prince Rāma.

« Les singes fouillèrent la forêt à la recherche d'un signe indiquant la présence de Sītā Dēvī, mais en vain. Angada s'inquiéta et perdit courage. Il s'adressa aux autres singes : « Mes chers amis, nous ne savons pas combien de jours nous avons passé dans la grotte enchantée de Dēvī Svayamprabhā. Sugrīva a dit que si nous ne revenions pas avec des nouvelles de Sītā Dēvī d'ici un mois, il nous tuerait. Je suis sûr que le mois s'est écoulé depuis longtemps. Par conséquent, je n'irai pas plus loin. Je vais mourir ici même. Libre à vous de rentrer. »

D'autres singes dirent : « Retournons dans cette grotte qui est un vrai paradis. Personne ne nous trouvera là-bas. Nous y vivrons très confortablement ! »

Les voyant découragés, Hanumān dit : « Angada, pourquoi nourris-tu ce genre de pensées négatives ? Śhrī Rāma te porte une grande affection. Il connaît tes grandes capacités. Ne tiens pas compte de l'opinion de ces singes stupides. Qu'est-ce qui te fait croire que personne ne saura que tu te caches dans une grotte ? Y a-t-il un endroit dans cet univers à l'abri des flèches de Rāma ? Laisse-moi te dire un secret. Rāma est l'incarnation du Seigneur Viṣhṇu. Il est né pour anéantir les *rākṣhasas*. Nous sommes nés pour le servir. Libère-toi donc de ce désespoir et continue à diriger notre entreprise. »

Les paroles d'Hanumān calmèrent Angada. Les singes passèrent au peigne fin les monts Vindhya, cherchant en vain quelque signe de la compagne de Rāma. Finalement, ils atteignirent les monts Mahēndra. Depuis le sommet, on voyait l'océan qui s'étendait au sud. Ils ignoraient la route à suivre. Il n'y avait devant eux que l'océan. Les singes étaient déçus et découragés. Tous leurs espoirs étaient anéantis. Ils avaient depuis longtemps dépassé le délai fixé par Sugrīva. Les singes décidèrent de mettre fin à leurs jours plutôt que de mourir aux mains de Sugrīva. Ils étalèrent de l'herbe *darbha* sur le sable et ils s'allongèrent pour mourir. »

Uṇṇi dit : « C'est terrible, grand-mère ! Les pauvres singes ! Que leur est-il arrivé ? »

Grand-mère dit : « Quand les singes se furent couchés, un énorme et vieux vautour sortit lentement d'une grotte dans les monts Mahēndra. Voyant les singes, il dit joyeusement : « Je mourais de faim. Je suis devenu vieux et faible et je n'ai plus d'ailes pour voler et attraper mes proies. Dieu m'a mis de la nourriture à portée de main. Je pourrai manger les singes quand ils mourront ! »

Les paroles du vautour donnèrent des frissons aux singes. Ils se se lamentèrent : « Quelle tristesse ! Cet horrible vieux vautour va nous déchiqueter et nous avaler, les uns après les autres. Puisque nous n'avons pas réussi à faire ce que Śhrī Rāma nous a demandé, selon toute évidence, nous sommes condamnés à mourir sous les coups de bec cruels de cet oiseau. Nous sommes sûrement de grands pécheurs. Voyez comme Jaṭāyu a été béni. Il est mort en combattant pour Śhrī Rāma et a obtenu son salut. »

Le vieil oiseau écoutait attentivement la conversation des singes. Il les interrompit soudain et leur demanda : « Qui êtes-vous ? Le nom de Jaṭāyu est doux comme le nectar à mes oreilles. Qui êtes-vous ? Approchez-vous de moi. N'ayez pas peur ! »

Angada médita sur Śhrī Rāma, puis s'approcha calmement du vieux vautour. Il lui raconta qui ils étaient et ce qu'ils cherchaient. Il décrivit comment Rāvaṇa avait tranché les ailes de Jaṭāyu avec l'épée *chandrahāsa*. Il raconta que Jaṭāyu était resté patiemment allongé, attendant seulement la venue de Rāma pour pouvoir dire au Seigneur qui avait enlevé Sītā. Il décrivit comment Śhrī Rāma, le prince doux et compatissant, avait pris sur ses genoux la tête et la poitrine de l'oiseau-roi et l'avait caressé jusqu'à ce que son âme parvienne au salut. « Maintenant, veuillez nous parler de vous », dit Angada.

L'énorme oiseau dit : « Je suis Sampāti. Jaṭāyu était mon frère cadet. Hélas, il est mort avant moi ! Laissez-moi accomplir les rites funéraires pour lui. Je vous en prie, portez-moi jusqu'au rivage de l'océan. »

Les singes soulevèrent Sampāti et le portèrent jusqu'au rivage où il accomplit les rites funèbres pour Jaṭāyu. Puis, les singes revinrent le déposer délicatement dans sa grotte. Satisfait de leur service, Sampāti dit : « Il y a dans l'océan une montagne nommée Trikuṭa. Au sommet de cette montagne se trouve la terre de Lanka, le royaume de Rāvaṇa. Sītā Dēvī y demeure sous un arbre dans le bosquet d'arbres *aśhōka*. L'un de vous doit traverser l'océan d'un bond pour se rendre à Lanka. Il y verra Sītā. Une fois qu'il aura repéré le lieu où elle se trouve, qu'il retourne immédiatement auprès de Śhrī Rāmachandra pour lui apporter la nouvelle. Śhrī Rāma a la force de tuer Rāvaṇa. Que le *rākṣhasa* qui a tué mon frère périsse ! »

Sampāti raconta alors aux singes l'histoire de sa jeunesse. Il y a longtemps, Sampāti et son jeune frère avaient rivalisé à la course l'un contre l'autre dans les cieux pour mettre leur force et leur rapidité à l'épreuve. Ils s'étaient approchés du soleil et la chaleur avait enflammé et brûlé les ailes de Jaṭāyu. Sampāti avait sauvé les ailes de son frère en les protégeant avec les siennes. Les ailes carbonisées, Sampāti était tombé au sol, oiseau sans ailes. Jaṭāyu lui aussi était tombé, mais ses ailes étaient saines et sauves. Sampāti était resté inconscient trois jours. Il avait repris conscience, mais il ignorait où se trouvait Jaṭāyu. Ses ailes étant carbonisées, Sampāti ne pouvait pas voler à la recherche de son frère. Il s'était traîné jusqu'à l'ashram du sage Niśhākaran. Voyant l'état pitoyable de l'oiseau, le saint avait éprouvé de la compassion à son égard. Il avait donné à l'oiseau la connaissance du Soi suprême et l'avait initié aux causes de la naissance, de la mort, du mérite, des démérites, du cycle de la naissance et de la mort, entre autres sujets tout aussi ésotériques. Il lui avait également prédit : « Au *Trētā Yuga*, tu rencontreras les singes qui seront à la recherche de Sītā. Tu pourras leur donner des nouvelles de Sītā et de son ravisseur. À ce moment-là, il te poussera de nouvelles ailes ! »

Miraculeusement, Sampāti se sentit alors pousser de grandes et fortes ailes. Il s'éleva dans les cieux et bénit l'armée des singes : « Ô bienheureux singes, puisse l'avenir vous sourire à tout moment ! Vous pouvez traverser les océans, à condition de vous souvenir constamment du Seigneur ! »

Une foi inébranlable dans le Seigneur nous conduit au sommet de la réussite. Les obstacles disparaissent, comme des nœuds que l'on dénoue.

34. Comment traverser la mer

Uṇṇi dit : « Grand-mère, les histoires que raconte le *Rāmāyaṇa* sont vraiment passionnantes ! Sampāti a de nouvelles ailes ! Qu'est-il arrivé aux singes ? »

Mère et grand-mère échangèrent un regard furtif, souriant de l'impatience d'Uṇṇi. Grand-mère raconta : « De plus en plus étonnés, les singes regardèrent les ailes de Sampāti devenir instantanément grandes et fortes. Ils contemplèrent l'énorme oiseau qui disparut dans le ciel. Puis, ils se réunirent pour décider de quelle manière ils traverseraient l'océan. En regardant le vaste océan, ils virent devant eux une immense étendue d'eau scintillante. Il y avait sûrement des crocodiles et d'autres créatures dangereuses tapies sous l'eau ! Ils scrutèrent l'horizon, incapables de voir au-delà. Le cœur lourd, ils se dirent : « Comment pourrions-nous traverser ce grand océan ? C'est impossible ! On ne voit même pas l'autre rive. C'est la mort assurée pour nous si nous tentons de le traverser ! Les singes se serraient les uns contre les autres en parlant à voix basse. »

En entendant leurs propos, Angada dit : « Ô grands singes ! Vous êtes tous courageux et forts. Réfléchissez bien. Quiconque décidera qu'il a la force et la capacité de traverser l'océan nous sauvera la vie à tous et délivrera Rāma et Lakṣhmaṇa de leur douleur. »

Les singes se regardèrent mutuellement sans mot dire. Personne ne se porta volontaire pour cette mission dangereuse, voire impossible. Angada déclara : « Ô singes !

Avancez-vous donc et dites-moi ce que vous pouvez et savez faire. »

Tour à tour, les singes s'avancèrent pour décliner ce qu'ils pouvaient faire. L'un d'eux déclara : « Je peux faire un bond de cent trente kilomètres, soit dix *yōjanas.* »

Uṇṇi demanda : « Qu'est-ce qu'un *yōjana*, Grand-mère ? »

« C'est une unité de mesure de la distance, comme le kilomètre », dit Grand-mère.

Uṇṇi hocha la tête. Grand-mère reprit : « De cette manière, un par un, les singes énumérèrent leurs compétences. Les singes disaient qu'ils pouvaient faire des bonds, qui de vingt, qui de trente et qui de soixante *yōjanas.* Aucun d'eux ne prétendit pouvoir sauter plus de soixante *yōjanas.* La mer s'étendait sur au moins une centaine de *yōjanas.* Jāmbavān, qui avait écouté les singes, dit : « Il semble qu'aucun d'entre vous ne soit capable de traverser la mer en sautant. Hélas, je me fais vieux ! Je pouvais faire beaucoup de choses quand j'étais jeune. Lorsque Viṣhṇu s'incarna en Vāmana et couvrit la Terre en trois pas, j'ai battu mon grand tambour et circumambulé Sa forme cosmique en dix minutes, mais maintenant, je suis incapable de franchir cette mer d'un seul bond. »

En entendant cela, Angada dit : « Je suis capable d'aller de l'autre côté de la mer en une enjambée, mais pas d'en faire autant au retour. »

Jāmbavān répondit : « Ô Prince Angada, même si tu étais prêt à franchir l'océan d'un bond, nous ne te laisserions pas faire. Parmi vos serviteurs, il n'y en a qu'un seul qui soit capable de cet exploit, impossible pour n'importe qui d'autre. »

Vexé par les paroles de Jāmbavān, Angada dit : « Mais ils ont déjà dit qu'ils en étaient incapables. Il vaut donc mieux que nous jeûnions jusqu'à la mort ! »

Pendant ce temps, un des singes était resté assis à l'écart, perdu dans ses pensées. Sais-tu de qui il s'agissait, Uṇṇi ? C'était Hanumān. Jāmbavān regarda Hanumān et dit : « Hé, Hanumān ! Pourquoi ne dis-tu rien ? Je ne doute pas que tu sois le meilleur candidat pour cette mission. Tu es une manifestation partielle du Seigneur Śhiva et le fils de Vāyu, le vent. Tu es une âme sattvique, pure et pleine d'énergie. J'ai entendu dire que, juste après ta naissance, tu avais pris le soleil pour un fruit et que tu avais fait un saut de près de cent cinquante-cinq mètres pour cueillir et manger le fruit rouge mûr. Tu as été touché par le *Vajrāyudha*, la foudre d'Indra, qui t'a blessé à l'os du menton appelé *hanu*, ce qui t'a valu ton nom. Tu allais t'écraser sur la Terre quand ton père, le dieu du vent, te rattrapa et t'emmena dans le monde souterrain. Les créatures sur Terre et dans les cieux commencèrent à suffoquer à cause du manque de courants d'air. La trinité et les *dēvas* se rendirent aux enfers pour accorder nombre de vœux à ton père. La vie éternelle t'a été accordée. Tu es un *chirañjīvi*, un immortel. Tu seras certainement en mesure de traverser le vaste océan. De plus, Śhrī Rāma t'a confié son anneau incrusté de pierres précieuses. Réfléchis à ce qui l'a fait agir de la sorte, t'accordant une telle confiance. Il n'est pas juste que toi, qui es doté de tels pouvoirs surhumains, tu restes assis là tranquillement ! »

Jāmbavān énuméra tous les talents d'Hanumān. Hanumān retrouva le sourire et la confiance en lui. Son esprit s'affermit. Il grandit en taille jusqu'à ressembler à une montagne. Comme un lion, Hanumān rugit : « Je vais traverser cet océan d'un bond, sans aucun effort. Après avoir sauvé Sītā Dēvī, je réduirai Lanka en cendres. Ou bien, je mettrai Rāvaṇa en prison, je le tiendrai de la main gauche et de la droite, j'arracherai la montagne Trikuṭa avec Lanka à son sommet. Je les offrirai ensuite tous les deux aux pieds du Seigneur Rāmachandra ! »

Uṇṇi avait écarquillé les yeux. Sans s'en rendre compte, dans son excitation, il répétait sans cesse « Waouh ! » Il donnait l'impression qu'Hanumān se tenait juste devant lui. En voyant l'expression de son visage, la grand-mère et la mère d'Uṇṇi sourirent.

Grand-mère poursuivit : « En entendant Hanumān, Jāmbavān s'exclama joyeusement : « Ô Vāyuputra ! Il suffit que tu transmettes le message de Rāmachandra à Sītā. Reviens après avoir réussi ta mission. Le Seigneur décidera de ce qu'il convient de faire ensuite. Tu pourras montrer ta vaillance lors de la guerre contre Rāvaṇa. Va maintenant ! Qu'aucun obstacle n'entrave ton voyage ! »

L'armée des singes dit un chaleureux au revoir à Hanumān. Hanumān grimpa jusqu'au sommet des monts Mahēndra. Debout là-haut, il rayonnait comme Garuda. »

Il arrive que quelqu'un n'ait pas conscience des talents cachés qu'il porte en lui. Mais si d'autres les ont décelés, ils doivent le convaincre de son potentiel et renforcer sa confiance en lui afin qu'il puisse le déployer et agir. Les parents peuvent reconnaître les talents de leurs enfants, les enseignants ceux de leurs élèves et les amis, ceux de leurs amis.

35. Traversée de l'océan. Obstacles

Grand-mère reprit son récit. « Hanumān médita sur Śhrī Rāma et pria pour avoir la force de franchir d'un bond l'océan, large de cent *yōjanas*. Posant son regard sur l'assemblée des singes, il dit : « Mes amis, je suis parfaitement prêt. Avec la bénédiction de Śhrī Rāmachandra, je m'élancerai dans le ciel et traverserai l'océan d'un seul grand bond. J'atteindrai Lanka, j'aurai le *darśhan* de Sītā Dēvī, puis je bondirai à nouveau pour revenir aujourd'hui même informer Śhrī Rāmachandra de mon *darśhan*. Puisque le Seigneur demeure dans mon cœur, je ne rencontrerai aucun obstacle en chemin ! »

Hanumān écarta les bras et leva la queue bien haut. Il redressa la tête, fléchit légèrement les genoux, se concentra et s'élança dans le ciel. Les singes le suivirent des yeux jusqu'à ce qu'il ne soit plus qu'un petit point et finisse par disparaître dans l'espace comme un aigle. »

Le visage d'Uṇṇi s'illumina de joie et de plaisir. Il riait d'enthousiasme, il voyait comme s'il y était le puissant bond d'Hanumān, fils du dieu du vent. Grand-mère et Māḷu riaient de voir la joie du petit garçon.

Grand-mère continua : « Les *dēvas* virent Hanumān voler dans les cieux et décidèrent de le mettre à l'épreuve. Ils envoyèrent Surasā, la mère des serpents, pour l'arrêter en vol. »

Uṇṇi était fâché. « Pourquoi ont-ils fait ça, grand-mère ? »

« Pour mettre sa force et ses compétences à l'épreuve. Surasā apparut devant Hanumān et rugit à son encontre. « Hé, singe ! Je mange toutes les créatures qui ne craignent pas de passer par ici. Entre dans ma bouche. J'ai très faim et je n'ai pas de temps à perdre ! »

Hanumān répondit : « Ô Déesse ! Je me rends à Lanka sur l'ordre de Śhrī Rāma, je suis à la recherche de Sītā. Laisse-moi rencontrer Sītā Dēvī et informer le Seigneur Rāma de mon *darśhan*. Je reviendrai alors vers toi et tu pourras m'avaler. Je t'en fais la promesse ! »

Mais Surasā n'était pas prête à le laisser partir. Elle dit : « Hé, singe ! J'ai faim et soif. Je ne peux pas contrôler ma faim. »

« S'il en est ainsi, je t'en prie, ouvre la bouche, répondit Hanumān, et il enfla jusqu'à mesurer un *yōjana* de circonférence. Surasā ouvrit aussitôt la bouche qui s'élargit jusqu'à mesurer de cinq *yōjanas*. Dès qu'Hanumān augmentait de taille, Surasā agrandissait proportionnellement la taille de sa bouche. Lorsque Surasā eut fait de sa bouche un trou béant de cinquante *yōjanas* de diamètre, Hanumān rétrécit soudain son corps à la taille d'un pouce, entra dans la bouche de Surasā et en ressortit aussitôt à toute vitesse. Il dit alors : « Ô Dēvī ! Je me prosterne devant toi ! »

Surasā fut satisfaite. Elle lui dit : « Ô Vāyuputra, les *dēvas* m'ont envoyée pour mettre ta force et ton adresse à l'épreuve. Tu réussiras ta mission. Ne tarde pas, rends-toi promptement auprès de Sītā Dēvī et quand tu l'auras rencontrée, tu iras en informer son Seigneur. »

Hanumān poursuivit son voyage. C'est alors que la mer ordonna au mont volant Maināka : « Ô Maināka, lève-toi et dresse-toi pour qu'Hanumān puisse se reposer sur toi ! »

S'étirant jusqu'à émerger de l'océan, Maināka s'adressa à Hanumān : « Ô Vāyuputra ! Tu dois être fatigué par ce long saut. Repose-toi sur moi. Rafraîchis-toi avec des fruits et de l'eau. »

Hanumān répondit : « Non, merci. J'effectue une mission pour Rāma. Je n'ai pas le temps de me reposer ni de me rafraîchir. Néanmoins, je te remercie de ta gracieuse invitation. » Ce disant, il tapota affectueusement Maināka et poursuivit son vol. C'est alors que surgit devant lui un nouvel obstacle. »

« Qu'est-ce que c'était, grand-mère ? » Uṇṇi était envahi par l'inquiétude. Son petit cœur désirait ardemment que Sītā Dēvī voie Hanumān, le messager de Śhrī Rāma et qu'elle en soit réconfortée.

« Une *rākṣhasī* appelée Simhikā vivait au fond de l'océan et saisissait les ombres. Elle s'empara de l'ombre d'Hanumān et l'arrêta ainsi en vol. Lorsqu'Hanumān baissa les yeux pour voir qui s'accrochait à son ombre et l'empêchait de voler, il vit une grosse *rākṣhasī* en bas. D'un seul coup de pied, il expédia Simhikā.

Il vola rapidement et vit les flèches de Lanka alors que le soleil se couchait. Hanumān fut stupéfait par la beauté de Lanka. Au pied des murs de la ville, bâtis en or, d'énormes douves rendaient l'entrée difficile. Il décida de méditer sur le Seigneur et d'entrer secrètement dans la ville de nuit. Donnant à son corps la taille minuscule d'un grain de moutarde, il tenta de franchir les portes de la cité en silence, mais la gardienne de la cité, Lanka Lakṣhmī, apparut devant lui sous les traits d'une *rākṣhasī*. « Hé, imbécile ! rugit-elle, tu ne peux pas entrer dans la ville sans ma permission ! » Elle tenta de frapper Hanumān qui esquiva ; puis, fermant le poing, il frappa la *rākṣhasī*. Lanka Lakṣhmī tomba et se mit à vomir du sang.

Au bout d'un certain temps, elle se releva et dit : « Je garde cette cité depuis des éons. Brahmā, le Créateur, m'avait promis que je serais libérée de ma malédiction au cours du *Trētā Yuga* lorsqu'Hanumān, le messager de Śhrī Rāma, viendrait à la recherche de Sītā Dēvī et me frapperait. Tu peux entrer. Je suis libérée de l'esclavage. Je quitte Lanka. Sītā Dēvī est assise sous l'arbre *śhimśhapa*, dans le bosquet d'arbres *aśhōka*, et se languit de son Seigneur. Elle est entourée et gardée par des *rākṣhasīs*. Pars à sa rencontre immédiatement, puis va informer le Seigneur sans tarder. Que ton entreprise soit couronnée de succès ! » Sur ce, Lanka Lakṣhmī disparut.

Demain, Uṇṇi, je te raconterai comment Hanumān eut le *darśhan* de Sītā. » Grand-mère embrassa Uṇṇi sur la joue.

Le chemin qui mène au but est semé de nombreuses embûches et de tentations. Affrontons les obstacles avec courage et confiance et ignorons les tentations. Souvenons-nous toujours de Dieu.

36. Vision de Sītā. Approche de Rāvaṇa

Grand-mère resta un certain temps à méditer sur Śhrī Rāma. Elle reprit ensuite la narration du *Rāmāyaṇa.* « Lanka Lakṣhmī bénit Hanumān et disparut. »

Māḷu demanda : « Mère, cet épisode a un sens caché, n'est-ce pas ? Quand tu dis que Lanka Lakṣhmī disparut, cela ne signifie-t-il pas aussi que la déesse de la providence et de la prospérité quitta Lanka ? »

« Oui, Māḷu, dit Grand-mère, très juste ! Les mauvais jours avaient commencé pour Rāvaṇa. Dès que Lanka Lakṣhmī eut disparu, Hanumān se fit minuscule et entra dans la ville. On raconte qu'au moment où Hanumān mit le pied à l'intérieur de la cité, Sītā et Rāvaṇa eurent des frissons du côté gauche et Śhrī Rāma eut des frissons du côté droit. Chez la femme, les frissons à gauche indiquent qu'un événement favorable va se produire prochainement. Chez l'homme, ce sont les frissons à droite qui annoncent quelque chose de propice. Chez Rāvaṇa, le roi *rākṣhasa*, les frissons à gauche ne présageaient rien de bon. Hanumān fit le tour de la ville à la recherche de Sītā Dēvī. Soudain, se rappelant les paroles de Lanka Lakṣhmī, il pénétra dans le bosquet d'arbres *aśhōka*. Portant le doux parfum des fleurs, son père, le dieu du vent, accompagna Hanumān jusqu'à l'arbre *śhimśhapa*. Et quelle merveille ! Là était assise Sītā Dēvī. Elle avait les cheveux défaits, les vêtements en désordre. Le chagrin d'être séparée de son très cher Rāma avait amaigri son corps. Elle était assise la tête penchée, comme une fleur qui se fane, doucement nimbée d'une auréole divine, le *Rāma-nāma* constamment sur les lèvres. Elle était encerclée par des *rākṣhasīs*.

Hanumān se cacha sous les feuilles de l'arbre. Son cœur éprouvait de la compassion pour Sītā. C'est alors qu'il vit Rāvaṇa qui venait lui rendre visite.

Uṇṇi, Rāvaṇa savait au tréfonds de lui-même qu'il mourrait des mains de Śhrī Rāma pour son crime impardonnable. Son mental débordait de haine envers le Seigneur. Toutefois, il savait aussi que la mort venant de Śhrī Rāma lui accorderait la libération. Le mental de Rāvaṇa était rempli de pensées cruelles.

En voyant Rāvaṇa, Sītā prit peur. Assise immobile, elle avait le visage baissé, l'air absent. Témoin silencieux, Hanumān resta caché où il était. Rāvaṇa parla à Sītā avec beaucoup d'humilité : « Ô belle dame, pourquoi passes-tu ton temps à te lamenter ? Considère-moi, l'empereur de ce pays, comme ton serviteur. Je t'en prie, relève la tête et regarde mon visage. Je suis un bien meilleur parti que ton mari. Rāma est faible et impuissant. Il n'a pas la force de traverser l'océan pour venir te chercher. Toi, la plus belle des princesses, ne gâche pas ta vie à pleurer un ermite des forêts. Il n'est absolument pas digne de toi. Accepte-moi pour mari et je ferai de toi mon impératrice. Tu vivras dans le luxe et je satisferai le moindre de tes désirs. »

Sītā sentait la rage bouillonner en elle. Arrachant un brin d'herbe, elle jeta un regard furieux à Rāvaṇa sachant qu'il était assez intelligent pour comprendre le sens de son geste, à savoir que, pour elle, il n'avait pas plus d'importance qu'un brin d'herbe. Elle lui dit : « Hé, homme cruel ! Pour moi, tu n'as pas plus d'importance que ce brin d'herbe ! Si tu étais juste et noble, tu ne te serais pas déguisé en sage pour m'enlever. Mon mari va traverser cet océan et arriver à Lanka, n'en doute pas ! Les flèches de Rāma te transperceront le cœur. Sache que mon Raghu Rāma est l'incarnation du Seigneur Viṣhṇu, né pour te détruire. Il te tuera, toi et tous les autres cruels *rākṣhasas* et il me ramènera avec lui ! »

Courroucé par ses paroles, Rāvaṇa dégaina son épée pour tuer Sītā mais Maṇḍōdarī, son épouse, l'arrêta. Saisissant fermement sa main, elle lui dit : « Ne tue pas une femme, Ô Seigneur de Lanka. Ne commets pas un tel pêché ! »

Rāvaṇa obéit aux sages paroles de sa femme. Mais son désir pour Sītā s'exacerba. Il ordonna aux *rākṣhasīs* qui gardaient Sītā d'éveiller en elle de l'amour pour lui en la séduisant par de douces paroles.

Après le départ de Rāvaṇa, les *rākṣhasīs* continuèrent à tourmenter Sītā en lui parlant durement. Sītā trouvait leurs railleries insupportables. Elle restait là, sous l'arbre, désespérée et le cœur blessé. Une *rākṣhasī* nommée Trijaṭā gardait Sītā. Elle était la fille de Vibhīṣhaṇa, frère cadet de Rāvaṇa. Vibhīṣhaṇa était un grand dévot de Śhrī Rāma. Trijaṭā avait elle aussi une conduite juste, noble et vertueuse. Elle ordonna aux autres *rākṣhasīs* de cesser de blesser Sītā avec leurs dures paroles. Trijaṭā dit : « Hé *rākṣhasīs*, prosternez-vous devant Sītā Dēvī ! Hier, j'ai fait un rêve saisissant. J'ai rêvé que Rāma et Lakṣhmaṇa arrivaient à Lanka et qu'ils anéantissaient Rāvaṇa et son armée maléfique. Ils couronnaient Vibhīṣhaṇa roi et ramenaient Sītā saine et sauve avec eux à Ayōdhyā. Voilà ce que j'ai rêvé et mon rêve se réalisera. Par conséquent, ne faisons pas de mal à Dēvī. »

À ces mots, les *rākṣhasīs* prirent peur. Au bout d'un moment, elles s'endormirent.

Certains êtres ont beau connaître la vérité, ils demeurent esclaves du plaisir sensuel et ignorent donc la réalité à leur convenance. Ils se comportent de manière insensée. Rāvaṇa appartenait à cette catégorie.

37. Dialogue entre Hanumān et Sītā

Lorsqu'Uṇṇi et Māḷu entrèrent dans la salle de *pūjā*, ils virent que Grand-mère avait orné l'image de Śhrī Rāma d'une guirlande et allumé la lampe à huile.

Uṇṇi demanda : « Grand-mère, Hanumān a-t-il parlé à Sītā ? Est-ce que cela a soulagé Sītā ? »

Poursuivant le récit du *Rāmāyaṇa*, Grand-mère dit : « Toutes les *rākṣhasīs* s'endormirent mais Sītā ne trouvait pas le sommeil. Elle était esseulée et effrayée. On ne peut pas s'endormir quand on a peur et que l'on est triste. Dans son chagrin, Sītā dit : « Dans ce pays, je n'ai personne qui puisse être mon ami. Au matin, les *rākṣhasīs* me mangeront. Mon Seigneur a dû m'oublier. Plutôt mourir que de continuer à vivre de cette manière ! » Ainsi se lamentait Sītā, assise désespérée sous l'arbre *śhimśhapa.*

Hanumān, qui avait observé en secret ce qui venait de se passer, entendit la complainte déchirante de Sītā et pensa : « Il est temps pour moi d'agir ! » D'une voix audible seulement par Sītā, Hanumān raconta l'histoire de Śhrī Rāma : depuis sa naissance divine et celle de ses frères jusqu'au moment où lui-même, Hanumān, envoyé par Rāma, atteignit l'arbre *śhimśhapa*, sans rien omettre. Il acheva son récit en disant avec beaucoup d'émotion : « Quelle bénédiction de voir Dēvī sous l'arbre *śhimśhapa* ! Je te salue humblement ! »

Lorsqu'elle entendit parler de Rāma et de ses célèbres exploits, la joie de Sītā ne connut pas de bornes. Mais elle avait des doutes. Elle se disait : « Ai-je vraiment entendu l'histoire de Rāma depuis les cieux ? Ou n'était-ce que le fruit de mon imagination ? Non, j'ai vraiment entendu le récit des mérites de Rāma. Mais qui a parlé ? » Regardant autour d'elle d'un air dubitatif, Sītā dit : « Qui que tu sois, s'il te plaît, présente-toi devant moi. »

Hanumān se fit tout petit pour sauter avec agilité en bas de l'arbre et se tint devant Sītā. Soudain, la peur gagna le cœur de Sītā. Serait-ce là un autre des vils tours de Rāvaṇa ? Sītā garda la tête basse. Hanumān comprit qu'elle avait peur et lui dit doucement : « Dēvī, je t'en prie, fais-moi confiance. Je ne suis pas venu déguisé. Je suis un messager de Śhrī Rāma, le serviteur de Sugrīva et le fils de Vāyu. »

Sītā fut rassurée par la réponse d'Hanumān. Toute joyeuse, elle lui demanda de raconter à nouveau l'histoire de Rāma. Hanumān raconta à Sītā comment Rāma et Lakṣhmaṇa avaient erré de forêt en forêt à sa recherche. Il lui parla également du pacte conclu entre Sugrīva et Rāma. Puis, pour prouver sa bonne foi et rendre Sītā plus heureuse, il lui présenta l'anneau de Rāma et murmura le mot secret que Rāma lui avait demandé de dire à Sītā. Lorsque Sītā vit l'anneau de Rāma à l'intérieur duquel était gravé son saint nom, des larmes d'une joie extatique coulèrent sur ses joues. Portant l'anneau à son front, elle l'y tint révérencieusement. Elle bénit Hanumān et dit : « Tu m'as rendu la vie ! Tu es vraiment une âme bénie et un digne dévot de Rāma. Je t'en prie, dis à mon Seigneur combien je souffre ici. Dis-lui de venir ici dans les deux mois et de me libérer de mon malheur. Il doit tuer Rāvaṇa et me sauver ! »

Alors Hanumān consola Sītā Dēvī. « Mère, je vais informer immédiatement le Seigneur Rāma de tout ce que tu m'as dit et de tout ce que j'ai vu. Le Seigneur Rāma viendra avec Lakṣhmaṇa et l'armée des singes, Il tuera Rāvaṇa et te ramènera saine et sauve à Ayōdhyā. N'aie aucun doute à ce sujet. »

Sītā lui demanda : « Comment ? Comment traverseront-ils l'océan pour arriver ici ? »

Hanumān répondit : « Nous trouverons un moyen. Sinon, je porterai Śhrī Rāma, Lakṣhmaṇa et l'armée des singes sur mes épaules pour les amener à Lanka. Je t'en prie, donne-moi un gage pour que le Seigneur ait confiance en mes paroles et s'il te plaît confie-moi un mot spécial. »

Sītā réfléchit un moment. Puis elle sortit le bijou que Rāma lui avait offert autrefois et qu'elle cachait dans son épaisse chevelure. Le tendant à Hanumān, elle lui dit : « Lorsque nous vivions à Chitrakūṭa, Jayanta, fils d'Indra, prit la forme d'un corbeau et vola les morceaux de viande que je faisais sécher. Je lui lançai des petits cailloux. Le corbeau me donna alors des coups de son bec acéré et me griffa de ses serres. Cela mit mon mari en rage. Il arracha un brin d'herbe, récita un mantra et jeta le brin d'herbe à la tête du corbeau. Se sachant perdu, le corbeau effrayé tomba aux pieds de mon mari. Le brin d'herbe rendit l'un de ses yeux aveugle, mais Jayanta fut autorisé à s'en aller. Je t'en prie, raconte cette histoire à Rāma. »

Portant le bijou et le message de Sītā, Hanumān se prépara à partir. Lorsqu'il demanda la permission de partir, Sītā Dēvī lui demanda : « Fils, êtes-vous tous d'aussi petite taille, vous les singes ? Comment allez-vous gagner la bataille contre les *rākṣhasas* qui sont aussi grands et forts que des montagnes ? »

Hanumān se fit grand comme une montagne et rassura Sītā : « Tous les singes sont aussi grands que moi ! »

Satisfaite, Sītā dit : « Fils, tu peux partir. Dépose le bijou aujourd'hui même aux pieds de mon Seigneur. Fais-lui part de tous mes chagrins. Qu'aucun obstacle n'entrave ton voyage ! »

Hanumān circumambula Dēvī Sītā avec beaucoup de dévotion et entreprit le voyage de retour. »

Un messager en mission doit toujours être sincère et inébranlable. Rien ne doit entacher ni souiller sa mission. Le messager doit transmettre les paroles exactes de son maître et n'être qu'un simple intrument. Hanumān est un messager parfait.

38. À l'assaut de Lanka

Uṇṇi et sa mère écoutaient attentivement la narration du *Rāmāyaṇa*. Grand-mère poursuivit : « Hanumān fit ses adieux à Sītā Dēvī, le cœur réjoui par sa bénédiction. Puis il grimpa sur la plus haute branche d'un arbre et pensa : «J'ai accompli la mission qui m'amenait ici. Mais, en tant que messager, il me reste une tâche à effectuer. Ne devrais-je pas informer Rāvaṇa de mon arrivée ? Comment faire ? » Hanumān réfléchit un moment. Puis il se mit à ravager le jardin. Il ne toucha pas aux alentours de l'arbre sous lequel Sītā était assise mais il déracina et lacéra tous les autres végétaux, les branches des arbres et les lianes du jardin. »

Uṇṇi rit. « Et après, que s'est-il passé ? Est-ce que Rāvaṇa en a entendu parler ? »

Grand-mère continua : « En entendant le bruit des arbres déracinés et des plantes qui s'abattaient au sol, les *rākṣhasīs* furent paralysées. À ce moment-là, Hanumān avait déjà tué un grand nombre de gardes. Sītā restait assise et faisait semblant de ne rien savoir. Les *rākṣhasīs* coururent avertir Rāvaṇa : « Ô Seigneur, une terrible créature aussi grande qu'une montagne a saccagé le magnifique jardin. Il a tué les gardes et s'attaque maintenant aux maisons du jardin. Il n'a peur de personne mais nous, nous avons peur de lui ! »

Rāvaṇa trembla de colère. Il envoya cent mille soldats *rākṣhasas* combattre Hanumān. Son rugissement leur fit perdre connaissance. Il les tua tous d'une branche recouverte d'épines. Rāvaṇa était hors de lui, fou de rage. Il envoya cinq autres bataillons avec leurs commandants à leur tête. Ils connurent le même sort. Les fils de ministres et d'autres divisions d'armées affrontèrent Hanumān. Hanumān avait alors empoigné un pilon en fer avec lequel il les tua tous.

La colère de Rāvaṇa fit alors place à la peur et à la tristesse. Le fils de Rāvaṇa, Akṣhay Kumār, promit à son père de faire Hanumān prisonnier et de le lui amener. Akṣhay Kumār blessa Hanumān de ses flèches mais il finit par mourir aux mains d'Hanumān. Rāvaṇa était triste. Il convoqua son fils aîné, Mēghanād, qui avait vaincu Indra, ce qui lui avait valu le surnom d'Indrajit. Le fils consola son père et jura de faire prisonnier le singe, coûte que coûte.

Il partit au combat avec un arsenal d'armes impressionnant. Hanumān et lui luttèrent férocement. Les flèches d'Indrajit blessèrent Hanumān à la tête, à la poitrine, aux jambes et à la queue. Hanumān tua le conducteur du char d'Indrajit avec la branche recouverte d'épines, puis écrasa le char et les chevaux. Enfin, Indrajit utilisa le *brahmāstra*[12]. Par respect et dévotion pour le Seigneur Brahmā, Hanumān n'arrêta pas la flèche, mais il feignit d'être inconscient et se laissa tomber au sol.

Indrajit ligota alors Hanumān et le traîna jusqu'à la cour de Rāvaṇa. S'inclinant devant son père, Indrajit dit : « Je t'amène le singe qui a tué des milliers de *rākṣhasas* mais qui a finalement été vaincu et emprisonné par le *brahmāstra*. Néanmoins, ce n'est pas un singe ordinaire. »

Rāvaṇa ordonna à son ministre, Prahasta, de tirer tout ce qu'il pouvait d'Hanumān. Prahasta interrogea

---

12 Arme surnaturelle.

calmement Hanumān : « Hé, singe ! Qui es-tu ? Qui t'a envoyé ici ? Pourquoi as-tu saccagé notre beau jardin ? Pourquoi as-tu tué tous ces *rākṣhasas* ? Parle sans crainte. Tu seras traité en toute justice à la cour de Rāvaṇa. »

Hanumān médita sur la forme de Śhrī Rāmachandra. Puis, regardant Rāvaṇa, il répondit : « Je suis le messager de Śhrī Rāmachandra. Lorsqu'il vivait dans la forêt avec son épouse Sītā et son frère Lakṣhmaṇa, tu as pris la forme d'un sage, tu as enlevé Sītā et tu l'as amenée ici. » Hanumān informa ensuite Rāvaṇa du pacte conclu entre Sugrīva et Rāma et de la façon dont l'armée des singes avait été déployée pour rechercher Sītā en divers endroits. Il révéla son identité et son nom, Hanumān : il était l'un des singes envoyés en mission pour retrouver Sītā. Voici ce qu'il conseilla ensuite à Rāvaṇa : « Débarrasse-toi de ton arrogance et de ta nature démoniaque. C'est un péché de désirer l'épouse et la richesse d'un autre. Récite le nom de Rāma. Il purifiera ton mental impur. Rends Sītā Dēvī et prends refuge dans le Seigneur Rāma. Le Seigneur protégera sans nul doute celui qui prend refuge en lui. »

Enragé par ces paroles, Rāvaṇa s'écria : « Qui est ton Rāma ? Qui est Sugrīva ? Je tuerai aussi bien Rāma que Sītā. Et je te tuerai toi aussi ! »

Hanumān répondit avec mépris : « Hé, méchant *rākṣhasa* ! Même si un milliard de Rāvaṇas m'attaquaient, je les vaincrai de mon petit doigt ! »

Tremblant de rage, perdant tout contrôle, Rāvaṇa ordonna aux *rākṣhasas* présents de tuer Hanumān mais Vibhīṣhaṇa, le frère de Rāvaṇa, empêcha les *rākṣhasas* d'attaquer : « Ne tuez pas le messager. Ce n'est pas correct. Si vous le tuez, comment Rāma saura-t-il ce qui s'est passé ici ? Par conséquent, rabaisse-le, insulte-le, mais laisse-le partir. »

Rāvaṇa écouta le conseil de Vibhīṣhaṇa : « Qu'il en soit ainsi. La queue d'un singe est ce qu'il a de plus utile. Il est fier de sa belle queue. Mettez donc le feu à sa queue. Puis faites-le défiler dans toute la ville en le dénonçant comme voleur. »

Les *rākṣhasas* s'y employèrent immédiatement. »

Les êtres arrogants et stupides ne comprennent pas les conseils des sages. Leur cœur est obscurci par les ténèbres, il leur est difficile de distinguer le bien du mal.

39. Lanka est rasée. Retour d'Hanumān

Grand-mère continua son récit. « Alors, agissant sur les ordres de Rāvaṇa, les *rākṣhasas* enveloppèrent la queue d'Hanumān avec un tissu trempé dans de l'huile et du *ghi*. Hanumān resta assis sans broncher, mais sa queue commença à s'allonger et à grossir. Finalement, tous les tissus du palais n'y suffirent pas. Les *rākṣhasas* allèrent de maison en maison recueillir des tissus à nouer autour de sa queue. Lorsque cela s'avéra insuffisant, ils demandèrent dans chaque maison des robes de soie, y compris les plus coûteuses mais malgré tout, comme la queue d'Hanumān continuait à s'allonger, il fallait toujours plus de tissu pour l'envelopper. »

Uṇṇi rit de bon cœur en imaginant la scène. Grand-mère et Māḷu rirent avec lui, heureuses d'entendre les rires joyeux du jeune Uṇṇi.

Finalement, les *rākṣhasas* décidèrent : « Ne passons pas davantage de temps à enrouler du tissu autour de sa queue. Mettons le feu à sa queue. »

Ils enflammèrent l'extrémité de sa queue. Hanumān rétracta lentement sa queue, ne laissant brûler que le tissu. Ils le ligotèrent avec une corde et le hissèrent pour l'exhiber tout autour de la ville. Hanumān se rétrécit. Laissant derrière lui les cordes qui le liaient, il tua ses ravisseurs à coups de pied et sauta sur le toit d'une maison. Il se mit alors à sauter de toit en toit et avec sa queue, il mettait le feu à chaque maison.

Lanka fut bientôt la proie des flammes. De splendides maisons furent réduites en cendres. Les flammes s'élevaient dans les cieux. La destruction de Lanka était en cours. Hanumān épargna la demeure de Vibhīṣhaṇa qui était dévot de Śhrī Rāma. Les gémissements des femmes des *rākṣhasas* déchiraient l'air. Les gens couraient dans tous les sens pour échapper aux flammes. Beaucoup furent brûlés vifs. Les femmes *rākṣhasas* se mirent à maudire Rāvaṇa. Elles le tenaient pour responsable de tant de morts et de destructions. Elles en attribuaient la cause au fait qu'il avait enlevé Sītā et l'avait retenue captive à Lanka contre son gré. Même des arbres gigantesques succombèrent aux flammes. Le chaos régnait partout.

Les langues des flammes dévorantes épargnèrent le bosquet d'arbres *aśhōka* où se trouvait Sītā. Après avoir incendié Lanka, Hanumān plongea sa queue dans l'océan pour en éteindre le feu. Il se rendit une nouvelle fois auprès de Sītā Dēvī, se prosterna devant elle, lui assura que Śhrī Rāma la sauverait et lui fit ses adieux. Il bondit ensuite très haut pour traverser l'océan.

Ce faisant, il poussa un énorme rugissement pour avertir Jāmbavān et ses amis singes de son arrivée imminente. Ils comprirent qu'Hanumān avait réussi sa mission. En quelques secondes, Hanumān atterrit au sommet des monts Mahēndra. Il proclama haut et fort : « Je l'ai vue ! Je l'ai vue ! Avec la bénédiction de Śhrī Rāmachandra, j'ai vu la déesse Sītā ! » Il vint ensuite se mettre devant eux. « De plus, j'ai rencontré Rāvaṇa et lui ai parlé personnellement, puis j'ai incendié tout Lanka ! Venez, allons annoncer la nouvelle à Śhrī Rāmachandra ! »

Ne se tenant plus de joie, les singes étreignirent Hanumān et l'embrassèrent. Ils se mirent tous en route vers la demeure du Seigneur. Comme ils étaient affamés, assoiffés et épuisés, ils entrèrent en chemin dans la forêt de Madhuvan et mangèrent des fruits et du miel à satiété. Ils chassèrent ceux qui venaient les chasser. Il s'agissait là d'un territoire protégé par Sugrīva. Lorsque ses serviteurs lui firent savoir qu'une horde de singes saccageait sa forêt, au lieu de se mettre en colère, Sugrīva se réjouit de cette nouvelle. Il informa le Seigneur qu'Hanumān et son armée de singes revenaient après avoir accompli leur mission, sinon, ils n'auraient pas osé entrer à Madhuvan.

Peu après, Hanumān et ses compagnons arrivèrent auprès de Rāma et de Sugrīva et se prosternèrent devant eux. Hanumān raconta humblement à Śhrī Rāma tout ce qui s'était passé depuis son saut par-dessus l'océan. Il remit au Seigneur Rāma le précieux bijou confié par Sītā Dēvī. Il lui narra l'histoire que Sītā lui avait confiée. Hanumān décrivit ensuite sa rencontre avec Rāvaṇa et comment, à la suite de cela, on avait mis le feu à sa queue. Il raconta comment il avait brûlé la fière cité de Lanka avant de s'incliner à nouveau devant Sītā Dēvī et de traverser l'océan d'un bond pour revenir.

Cette nouvelle ravit Śhrī Rāma : « Ô Vāyuputra ! Rien au monde ne pourra jamais te récompenser de ce que tu as fait ! » Le Seigneur étreignit Hanumān à plusieurs reprises et lui donna sa bénédiction. »

Il n'y a pas de plus grand devoir pour un être humain que d'adorer les pieds sacrés du Seigneur. Le souvenir du Seigneur efface toute misère et lave tout péché.

40. L'armée de Rāma se met en route pour vaincre Rāvaṇa

Grand-mère poursuivit la narration du *Rāmāyaṇa*. « Lorsqu'il apprit qu'Hanumān avait vu Sītā, Rāma fut comblé de joie. Il félicita Hanumān : « Ô Āñjanēya[13], tu as accompli un acte de bravoure. Tu m'as sauvé, moi et la dynastie solaire. Non content d'avoir rencontré Sītā, tu as tué de nombreux ennemis et rasé Lanka. Quel exploit ! »

Śhrī Rāma se demanda alors à haute voix : « Comment puis-je traverser le vaste océan ? Comment tuer mes ennemis, et ramener ma Sītā ? »

Alors Sugrīva rassura le Seigneur : « Tu n'as aucune raison de t'inquiéter. Il y a dans notre armée des singes à la force surhumaine. Avec l'armée des singes, nous pouvons combattre Rāvaṇa et le tuer. Cherchons un moyen de traverser l'océan immédiatement. Nous trouverons bientôt ce moyen, je n'ai aucun doute là-dessus ! »

Śhrī Rāma demanda à Hanumān : « Vāyuputra, aie la bonté de décrire les remparts et les forts de Lanka, les murailles d'enceinte ainsi que les douves. »

Hanumān décrivit la cité en détails. Lanka était comme un véhicule doré étincelant perché au sommet de la montagne Trikuṭa, entouré et défendu par un mur d'or. Hanumān donna une description claire et concise, le nombre des multiples tours, des douves, des ponts et des murailles défensives. Il donna également à Rāma le nombre exact de gardes *rākṣhasas*. Il peignit un tableau détaillé de la salle des mantras et des palais des reines. Tous ces bâtiments étaient faits d'or. Hanumān avait déjà détruit un quart de l'armée de Rāvaṇa. Il se dit prêt à retraverser l'océan pour en finir facilement avec Rāvaṇa et son armée *rākṣhasa*."

[13] Fils d'Āñjanā (mère d'Hanumān).

En entendant tous ces renseignements, Śhrī Rāma donna l'ordre de se mettre aussitôt en route pour Lanka. Le Seigneur tint également compte du moment le plus propice. Sous le commandement de Sugrīva, les généraux firent marcher leur immense armée de singes vers Lanka. Au milieu des singes, Śhrī Rāma et Lakṣhmaṇa étaient assis sur les épaules d'Hanumān et d'Angada. Les deux princes rayonnaient comme le soleil et la lune. L'armée avançait, déferlant comme les vagues du puissant océan. Ils contournèrent les monts Mahēndra pour rejoindre la côte nord de l'océan. Quand ils arrivèrent sur le rivage, le soleil était déjà couché. Ils récitèrent leurs prières du soir, puis commencèrent à élaborer un plan pour traverser l'océan. Effarés, les singes se demandaient comment ils allaient traverser cette vaste étendue d'eau. »

Uṇṇi écoutait avec beaucoup d'enthousiasme. Tapotant l'épaule de son petit-fils impatient, Grand-mère poursuivit : « Maintenant, voyons ce que Rāvaṇa manigançait à Lanka. »

Uṇṇi demanda : « Rāvaṇa savait-il que le Seigneur Rāma et son armée de singes marchaient vers Lanka ? »

Grand-Mère répondit : « Bien sûr, Uṇṇi. Rāvaṇa avait de nombreux espions. Il convoqua son conseil des ministres : « Nos ennemis ont atteint la côte. Les exploits d'Hanumān nous ont fait prendre la mesure de leur courage et de leur force. Ils vont donc trouver un moyen ou un autre de traverser l'océan et d'envahir Lanka. Comment pouvons-nous leur résister, les contrecarrer et les vaincre ? Échafaudez un plan et soumettez-le moi. »

Les ministres rassurèrent Rāvaṇa. L'un d'eux dit : « Tu as conquis les trois mondes. Ton fils Mēghanād a enchaîné

Indra et te l'a amené ici. Tu as vaincu Vaiśhravaṇa et confisqué le *puṣhpaka-vimāna.* Même le Seigneur de la Mort te craint. Tu as soumis tous tes ennemis par ta force. Ce Śhrī Rāma n'est qu'un ver, un ver sous l'apparence d'un homme. Si ce singe a pu faire autant de dégâts, c'est uniquement parce que nous n'avons pas contre-attaqué. Aucun de nous n'a anticipé ses manœuvres. Si nous avions su, ce singe ne se serait pas échappé vivant. Dorénavant, nous n'avons plus à craindre ces singes ou ces hommes. Seigneur, commande à l'un d'entre nous. Nous nous engageons à les tuer jusqu'au dernier ! »

C'est ainsi que les ministres stupides apaisèrent les doutes de Rāvaṇa qui perdit le sens des réalités. »

Beaucoup de gens sont prêts à dire ce que nous avons envie d'entendre. Ils nous donneront une excellente impression de nous-même. Les sots se laisseront prendre à leurs paroles. Leur arrogance et leur ignorance les empêcheront d'écouter les conseils avisés.

41. Conseil fraternel

Grand-mère continua l'histoire du valeureux prince Rāma.

« Soulagé par les paroles encourageantes de ses ministres, Rāvaṇa se détendit. C'est alors qu'un héraut annonça l'arrivée de Kumbhakarṇa. Rāvaṇa était heureux que son frère à la force immense se soit réveillé et qu'il vienne le voir au moment où on avait le plus besoin de lui. »

« Grand-mère, qui est Kumbhakarṇa ? demanda Uṇṇi, est-ce un *rākṣhasa* ? »

« Kumbhakarṇa était le jeune frère de Rāvaṇa. Sais-tu ce qu'il avait de particulier ? Il dormait sans interruption pendant six mois. Il se réveillait ensuite frais et dispos pour une seule journée, sur quoi il se remettait à dormir pendant les six mois suivants. »

« Mon Dieu ! dit Uṇṇi, Quel loir ! Quand est-ce qu'il mangeait ? » demanda Uṇṇi, stupéfait.

« Quand il se réveillait, il mangeait en une journée ce qu'il aurait mangé en six mois. Tu peux imaginer le genre de festin que c'était ! »

Uṇṇi rit à l'idée que Kumbhakarṇa ne se réveillait qu'un seul jour tous les six mois.

Grand-mère reprit : « Quoi qu'il en soit, Kumbhakarṇa s'était réveillé et était venu saluer son frère. Il est difficile de décrire sa taille et sa force. Rien qu'à le voir, les gens prenaient peur, mais Rāvaṇa fut soulagé de voir son redoutable jeune frère. Il étreignit Kumbhakarṇa et lui offrit un siège. Puis il lui raconta tout ce qui était arrivé. En écoutant son récit, très effrayé, Kumbhakarṇa dit : « Frère aîné, as-tu commis cette grave injustice en pensant que Rāma était quelqu'un d'ordinaire ? Rāma n'est pas un simple mortel, il est l'incarnation même du Seigneur Viṣhṇu. Si tu tiens à la vie, prends refuge en Rāma. Tu as fait quelque chose de très mal. Si tu n'apprécies pas ce que je te dis, je suis prêt à aller tuer Rāma et son armée. »

Le fils de Rāvaṇa, Indrajit, se tenait près de lui, il écoutait la conversation. Il dit : « Père, je vais partir au combat. Je t'en prie, laisse-moi y aller. Je tuerai Rāma et l'armée des singes et je reviendrai immédiatement ! »

C'est alors qu'un autre frère de Rāvaṇa, Vibhīṣhaṇa, vint le voir. Rāvaṇa l'étreignit avec beaucoup d'affection et le fit asseoir à côté de lui. Fervent dévot de Śhrī Rāma, Vibhīṣhaṇa voulut persuader son frère aîné de se corriger : « Frère aîné, écoute patiemment ce que je vais te dire. Personne en ce monde n'est assez fort pour vaincre Rāmachandra. Ton agression va conduire notre race à la ruine. Ni Kumbhakarṇa ni Indrajit ne peuvent l'emporter sur Rāma. Il est l'incarnation du Seigneur Nārāyaṇa. Par conséquent, ramène immédiatement Sītā Dēvī au Seigneur Rāma et prends refuge en lui. Implore sa grâce. Rāma est très compatissant. Il n'abandonnera jamais celui qui cherche refuge en lui. Il te pardonnera toutes tes erreurs et t'accordera refuge. Ne te laisse pas abuser par ce que disent tes ministres qui n'ont rien dans le crâne. Ils ne seront pas là pour te soutenir dans la détresse. Rends Sītā Dēvī au Seigneur Rāma et gouverne Lanka avec sagesse. Ne conduis pas ta race à la ruine ! »

Vibhīṣhaṇa poursuivit en relatant les nombreuses occasions où Rāma était passé à l'action pour faire respecter le *dharma*. Incapable de contenir davantage sa colère, Rāvaṇa dit : « Vibhīṣhaṇa, arrête ! Tu n'es pas mon parent mais mon ennemi ! Ne me dis plus de telles paroles. Je ne te considère pas comme mon frère. Je te tuerai ! » Ainsi menacé, Vibhīṣhaṇa se dit : « J'ai fait de mon mieux pour faire entendre raison à mon cruel frère. Je comprends que personne ne peut changer le destin voulu par Dieu. Mon seul refuge, ce sont les pieds du Seigneur Rāma. Je passerai le reste de ma vie sous sa protection. » Il décida de renoncer à toutes ses richesses, au pouvoir et de quitter Lanka. Debout, les paumes jointes, il s'inclina devant son frère aîné. Il voulut lui faire ses adieux.

Rāvaṇa comprit ce que pensait son jeune frère. Bouillant de rage, il dit : « Va t-en! Va te mettre au service de ton Rāma ! Si tu ne quittes pas Lanka sur le champ, tu seras la cible de mon *chandrahāsa* ! »Vibhīṣhaṇa répondit : « Tu es comme mon père et j'obéirai donc à tes ordres. Je vais maintenant te quitter pour prendre refuge en Śhrī Rāma. »

Vibhīṣhaṇa tenta une fois de plus de prévenir son frère du danger imminent, mais ses paroles tombèrent dans l'oreille d'un sourd. Vibhīṣhaṇa fit ses adieux à Rāvaṇa et quitta le palais. »

La volonté de Dieu l'emporte toujours. Mais si nous prenons refuge dans le Seigneur, Il nous sauvera.

42. Vibhīṣhaṇa se présente devant Śhrī Rāma

Grand-mère, Māḷu et Uṇṇi entrèrent dans la salle de *pūjā*. Ils décorèrent l'image de Śhrī Rāmachandra avec une guirlande et allumèrent la lampe à huile. Grand-mère ferma les yeux et pria le Seigneur Rāma.

Puis, elle demanda à Uṇṇi : « Où nous sommes-nous arrêtés hier ? »

Uṇṇi répondit : « Vibhīṣhaṇa quittait Lanka pour aller chercher refuge auprès de Śhrī Rāma et combattre à ses côtés dans la guerre contre l'*adharma*. »

Grand-mère répondit : « Oh oui ! Vibhīṣhaṇa voyagea dans les airs avec quatre autres ministres, traversa l'océan et s'arrêta en plein vol, juste au-dessus de l'endroit où était assis Śhrī Rāma, Seigneur de tous les êtres. Par sa seule présence, Rāma bénissait l'armée des singes. Humblement mais suffisamment fort pour que tous puissent l'entendre, Vibhīṣhaṇa déclara : « Śhrī Rāmachandra, victoire à toi ! Je suis Vibhīṣhaṇa, frère de Rāvaṇa. Je suis ton dévot et je suis ici pour te servir. J'ai essayé de faire entendre raison à mon frère. Je l'ai conseillé et prévenu, mais mon cruel frère ne m'a pas écouté. Loin de là, il était prêt à me tuer avec son *chandrahāsa*. Je considère tes pieds comme mon seul refuge. J'ai abandonné Lanka pour prendre refuge en toi. Je t'en prie, accorde-moi ta protection ! »

Sugrīva écouta la requête de Vibhīṣhaṇa et un doute se leva dans son esprit. Il dit : « Ô Seigneur Rāma ! On ne peut pas se fier aux *rākṣhasas*. Vibhīṣhaṇa est un *rākṣhasa* et le frère de Rāvaṇa. Il est bien armé. Les ministres qui l'accompagnent pourraient bien être des magiciens mal intentionnés. Qui sait s'ils ne sont pas venus ici pour nous tuer ! Laisse-moi donc les tuer. »

Mais Hanumān déclara : « Seigneur, d'après ce que je sais, Vibhīṣhaṇa est un parfait dévot. Il est venu ici en te faisant confiance. De plus, il y a des bons et des mauvais dans chaque race et chaque clan. À mon humble avis, tu dois accepter que Vibhīṣhaṇa prenne refuge en toi. »

Ayant entendu les deux avis, le Seigneur dit : « Je suivrai l'avis d'Hanumān à ce sujet. Il est du devoir d'un roi de protéger ceux qui cherchent refuge en lui, quels qu'ils soient. Il est immoral d'abandonner ceux qui demandent qu'on leur accorde refuge, il est louable de les sauver et de les protéger de toute forme de mal. Par conséquent, amenez-moi Vibhīṣhaṇa ! »

Vibhīṣhaṇa parut devant le Seigneur et chanta des hymnes à la louange du Seigneur Rāma. « Śhrī Rāmachandra, trésor de compassion, je me prosterne devant toi. Donne-moi ta bénédiction et sauve-moi. Tu es la mère, le père et le créateur de l'univers entier et de tous les êtres qui le peuplent. J'aspire à t'atteindre grâce à une véritable dévotion. Ô Rāmachandra, je me prosterne devant toi encore et encore ! » Vibhīṣhaṇa parla des principes universels et du Soi suprême.

Satisfait des connaissances et de la dévotion de Vibhīṣhaṇa, Śhrī Rāma dit : « Dis-moi ce que tu désires. Il suffit de me voir une seule fois ; tu ne connaîtras plus jamais le chagrin ! »

Vibhīṣhaṇa ne voulait rien d'autre qu'une dévotion incessante à l'égard de Śhrī Rāma. Avec joie, le Seigneur lui dit : « Médite constamment sur moi. Tu atteindras la libération. Ceux qui chantent l'hymne que tu as chanté à ma gloire atteindront également la libération s'ils le chantent avec beaucoup de dévotion. »

Rāma convoqua Lakṣhmaṇa et lui demanda d'apporter de l'eau de l'océan. En grande pompe, Vibhīṣhaṇa fut oint roi de Lanka par Rāma. Les *dēvas* étaient ravis. Sugrīva étreignit chaleureusement Vibhīṣhaṇa et lui demanda de l'aider à tuer Rāvaṇa, leur ennemi. Souriant, Vibhīṣhaṇa répondit : « Pourquoi Rāma, Seigneur de l'univers, aurait-il besoin de notre aide en quoi que ce soit ? Nous ne faisons que le servir, pas l'aider ! » En entendant ces paroles, Sugrīva fut soulagé et heureux.

Entre-temps, Rāvaṇa envoya à Rāma un messager *rākṣhasa* du nom de Śhuka. Le messager plana dans les airs et transmit le message de Rāvaṇa à Sugrīva : « Ton frère Vālī est mon plus proche parent. Pourquoi devrais-tu, frère cadet du grand Vālī, faire preuve de loyauté envers Rāma ? Sugrīva n'a pas à se mettre en colère contre moi sous le seul prétexte que j'ai enlevé Sītā Dēvī. En fait, cela ne le regarde pas. Par conséquent, s'il veut conserver sa position, il vaut mieux qu'il renonce à son amitié avec Śhrī Rāma et qu'il retourne dans son royaume. Ainsi l'ordonne Rāvaṇa ! »

À ces mots, les singes bondirent en l'air et se mirent à bourrer Śhuka de terribles coups de poing. Incapable de supporter la douleur, il appela Śhrī Rāma au secours. « Ô Śhrī Rāma, océan de compassion, prends pitié de moi ! Ne tue pas le messager. Montre-toi juste. Sauve-moi de ces singes ! »

Lorsqu'il entendit son appel, Śhrī Rāma ordonna aux singes de cesser d'attaquer Śhuka. Mais il leur demanda de l'emprisonner au lieu de le renvoyer immédiatement. Les singes ligotèrent Śhuka. Un autre *rākṣhasa* nommé Śhārdūla, également envoyé par Rāvaṇa, planait dans les airs et observait les événements. Effrayé, il revint en volant vers Rāvaṇa et lui raconta ce qui s'était passé. La peur s'insinua dans le mental de Rāvaṇa. Tout en réfléchissant au moyen de s'en tirer, il soupira profondément. »

Il y a des bons et des méchants parmi les gens de toutes les races, de toutes castes et de toutes couleurs.

43. Construction du pont. Dialogue entre Rāvaṇa et Śhuka

Grand-mère continua la narration du *Rāmāyaṇa* qui raconte les aventures du courageux et compatissant prince Rāma.

« Donc, les singes capturèrent et emprisonnèrent Śhuka. Śhrī Rāma dit alors à Vibhīṣhaṇa, à Sugrīva et aux autres : « Réfléchissons au moyen de traverser l'océan. »

Ils discutèrent tous ensemble les différentes possibilités et décidèrent de commencer par gagner la faveur de Varuṇa, le dieu de l'océan. Śhrī Rāma répandit de l'herbe sacrée *darbha* au bord de la mer et se prosterna devant Varuṇa avec humilité et dévotion. Śhrī Rāma vénéra l'océan continuellement pendant trois jours et trois nuits, mais les vagues de la mer ne s'apaisèrent pas et Varuṇa n'apparut pas. Śhrī Rāma entra dans une colère terrible. Śhrī Rāmachandra possède une maîtrise totale de ses émotions, Uṇṇi. Il est toujours calme et paisible. Mais lorsque sa fureur se déchaîna contre l'océan, il ordonna à Lakṣhmaṇa de lui apporter son arc et ses flèches. Rāma déclara : « Comment Varuṇa ose-t-il faire preuve d'une telle arrogance ? Mes ancêtres ont agrandi les océans. Pour le punir de l'arrogance qu'il a manifestée envers moi, je vais assécher l'océan ! Que les singes traversent l'océan à pied. »

La colère du Seigneur Rāma fit trembler de peur toutes les créatures du monde. Varuṇa, effrayé par la menace du Seigneur, fit surface avec des joyaux inestimables qu'il déposa humblement devant Rāma. Puis, se prosternant devant lui, Varuṇa dit : « Sauve-moi ! Tu m'as créé sous forme d'eau. Je ne peux m'empêcher d'être fidèle à ma nature fluide. Je t'en prie, ne me m'assèche pas. Protège-moi, je prends refuge en toi. Je te montrerai la voie la plus facile pour aller à Lanka. »

La colère du Seigneur s'apaisa, mais la flèche qu'il s'apprêtait à décocher ne pouvait rester inutilisée. Aussi, sur le conseil de Varuṇa, le Seigneur visa Drumakulya, au nord, là où vivaient de cruels *rākṣhasas*. La flèche fila, les tua tous, revint et rentra dans le carquois de Rāma.

Varuṇa s'inclina humblement en disant : « Seigneur, le singe nommé Nala est le fils de Viśhvakarma, il est donc tout à fait qualifié pour cette tâche. Qu'il construise un pont jusqu'à Lanka. Tout le monde pourra alors aller à Lanka à pied sec. »

Nala vint immédiatement s'incliner devant le Seigneur. Il ordonna à l'armée de singes de déraciner des montagnes, d'énormes rochers et des arbres. Nala se mit alors à construire un barrage pour retenir les eaux. Śhrī Rāma installa une statue du Seigneur Śhiva à l'endroit où le pont devait commencer. Tout le monde se prosterna devant la statue du Seigneur Śhiva. Cet endroit est depuis devenu un lieu de pèlerinage, connu aujourd'hui sous le nom de Rāmēśhvaram. »

Uṇṇi demanda : « Est-ce que les singes ont achevé la construction du pont, Grand-mère ? »

« Bien sûr, puisque leurs cœurs débordaient d'amour pour Śhrī Rāma ! Chaque singe travailla dur sous les ordres de Nala et le pont fut achevé en cinq jours. Les singes empruntèrent sans aucune crainte le pont qui enjambait l'océan.

Śhrī Rāma monta sur les solides épaules d'Hanumān et Lakṣhmaṇa sur les larges épaules d'Angada. En arrivant à Lanka, ils gravirent le mont Subēla. La cité de Lanka s'étendait à leurs pieds. Comme Hanumān l'avait décrit, Lanka brillait comme de l'or. Śhrī Rāma étudia tout dans les moindres détails : les mâts au sommet desquels flottaient des drapeaux, les forts, les bannières, les palais, les tours et plus encore. Il vit Rāvaṇa assis dans les chambres du palais, paré de ses atours royaux, en compagnie de ses ministres. En riant, le Seigneur Rāma dit : « Hé, singes, libérez Śhuka ! Qu'il aille informer Rāvaṇa de notre arrivée et de la façon dont nous avons marché sur Lanka après avoir construit un pont enjambant l'océan. »

Les singes libérèrent Śhuka qui se précipita chez Rāvaṇa et se prosterna devant lui. Rāvaṇa lui demanda : « Pourquoi as-tu tardé à revenir ? Tu as l'air fatigué. Les singes t'ont-ils fait du mal ? »

Avec beaucoup d'humilité, Śhuka dit : « Ô Seigneur de Lanka, laisse-moi te parler dans ton intérêt. Je te prie de m'écouter jusqu'au bout. J'ai pris mon envol et je suis arrivé à l'endroit où était assis Sugrīva. J'ai plané dans les airs et répété à Sugrīva tout ce que tu m'avais demandé de lui dire. Les singes se sont emparés de moi et m'ont roué de coups. Quand j'ai vu qu'ils allaient me tuer, j'ai appelé Śhrī Rāma au secours. Rāma est compatissant. Il a ordonné aux singes de me libérer, moi qui n'étais qu'un simple messager.

Il leur a également ordonné de me garder captif pour le moment. Les singes ont construit un pont pour traverser l'océan et se trouvent maintenant à Lanka. Vibhīṣhaṇa, ton frère, est également des leurs. Après m'avoir libéré, Rāma m'a demandé de te transmettre un message. Écoute, s'il te plaît : « Libère Sītā sinon prépare toi à te battre. Je vous anéantirai totalement, toi et ton armée ! »

Śhuka montra ensuite à Rāvaṇa l'armée de singes au sommet du mont Subēla et décrivit la force de Nala, Angada, Jāmbavān et Hanumān. Il évoqua également le caractère éphémère de la vie sur Terre. Śhuka dit à Rāvaṇa qu'il était impossible de gagner une guerre contre Rāma. Il conseilla à Rāvaṇa de renoncer à son arrogance et de se rendre à Rāma.

Rāvaṇa ne put apprécier la sagesse des conseils de Śhuka dont le but était de dissiper son ignorance. Outré, il rugit : « Toi, mon serviteur, tu oses me conseiller ? Je ne te laisse partir que parce que tu m'as rendu un service autrefois. Va-t'en ou je t'achève en un éclair ! »

Effaré, Śhuka rentra aussitôt chez lui. »

Il y a en chacun de nous une graine de dévotion. Elle ne germera que si les conditions sont favorables. Au moment où nous ferons l'expérience de la puissance divine de Dieu, la graine de la dévotion germera et deviendra un arbre puissant.

44. Histoire de Śhuka. Paroles de Mālyavān

Uṇṇi demanda : « Grand-mère, pourquoi Rāvaṇa n'a-t-il pas tué Śhuka ? »

Grand-mère répondit : « Śhuka était son fidèle et loyal serviteur. Rāvaṇa s'est souvenu des nombreux services qu'il lui avait rendus et l'a donc laissé partir. Aussitôt libéré, Śhuka retourna dans son ancienne demeure.

Uṇṇi, je voudrais que tu connaisses l'histoire de Śhuka avant qu'il ne devienne le serviteur de Rāvaṇa. Il n'était pas vraiment un *rākṣhasa* mais un bon brāhmane. Il vivait dans la forêt avec sa femme, accomplissant de nombreux *yajñas* pour la prospérité des *dēvas* et la destruction des *rākṣhasas*. En ce temps-là, il y avait un *rākṣhasa* nommé Vajradramṣhṭra, c'était un chef important parmi les démons. Il cherchait l'occasion de nuire à Śhuka.

Un beau jour, le sage Agastya se rendit à l'ermitage de Śhuka qui l'invita à déjeuner. Pendant qu'Agastya allait se rafraîchir, le méchant Vajradramṣhṭra prit la forme d'Agastya et vint trouver Śhuka pour lui demander de cuisiner de la viande pour son déjeuner. Śhuka demanda à sa femme de préparer des plats de viande. Plus tard, lorsque le véritable Agastya s'assit à table, Vajradramṣhṭra prit la forme de l'épouse de Śhuka et servit de la chair humaine à Agastya avant de disparaître. Voyant de la chair humaine sur sa feuille, le sage Agastya maudit Śhuka : « Ô cruel Brāhmane ! Tu as essayé de me faire manger la chair d'un être humain. Je te maudis et te condamne à devenir un *rākṣhasa* mangeur d'hommes ! »

Quand il entendit le sage Agastya le maudire, Śhuka s'émut : « Ô grand sage ! C'est toi qui m'avais ordonné de te servir de la viande ! Pourquoi me maudis-tu maintenant ? »

Le sage comprit intuitivement ce qui s'était passé. Pris de remords, il dit : « Ô Brāhmane, tu es innocent ! C'est le *rākṣhasa* qui nous a trompés. Même moi, je n'ai pas saisi la réalité de la situation. Mais ma malédiction suit infailliblement son cours. Laisse-moi donc te donner un bon moyen de lever la malédiction. Rāvaṇa enlèvera l'épouse de Śhrī Rāma et la gardera captive dans son jardin à Lanka. Tu seras à Lanka, et tu seras un très fidèle serviteur de Rāvaṇa. Lorsque Rāmachandra viendra, prêt à en découdre, Rāvaṇa t'enverra porter un message à Rāma. Tu reviendras vers Rāvaṇa et tu lui enseigneras la nature du Soi, la vérité et l'honneur et le chemin qui mène à Dieu. Tu seras libéré de la malédiction et tu retrouveras ta forme antérieure. »

C'est ainsi que la malédiction fut levée et que Śhuka rentra chez lui dans la forêt.

Sur ces entrefaites, Mālyavān, le grand-père maternel de Rāvaṇa, vint à la cour trouver Rāvaṇa. Mālyavān était sage et intelligent. Il tenta de conseiller Rāvaṇa : « Śhrī Rāma n'est pas un être humain ordinaire. Il est le Seigneur Nārāyaṇa. Ramène Sītā auprès de son Seigneur. Prosterne-toi à ses pieds. Depuis que tu as ravi Sītā pour l'amener ici, Lanka a vu de nombreux présages de malheur. Ne cause pas notre perte. Bien que ton mental soit cruel, si tu vénères sincèrement le Seigneur Rāma, il deviendra propre et pur. Obéis à mes paroles ! »

Rāvaṇa n'était pas du tout disposé à écouter ce que disait Mālyavān. Il dit : « Grand-père, pourquoi fais-tu l'éloge de Rāma ? Pourquoi le crains-tu ? C'est un fou qui pense pouvoir vaincre avec une armée de singes. Ne répète pas ce que tu viens de dire et n'essaie pas de me conseiller à ce sujet. Je n'aime pas cela ! S'il te plaît, rentre chez toi ! »

Accompagné de ses ministres, Rāvaṇa monta tout en haut de son palais et observa la situation. De là, il vit l'armée des singes disposées sur l'un des côtés de Rāma. Il comprit qu'ils étaient des adversaires redoutables, tant par leur taille que par leur force. De loin, Śhrī Rāma aussi voyait Rāvaṇa, debout comme une montagne, avec des couronnes étincelantes sur ses dix têtes. »

Ceux qui sont bouffis d'orgueil se noient dans la mer de l'ignorance. Il est très difficile de les guider vers la lumière de la connaissance.

45. La guerre commence

Uṇṇi et Māḷu se prosternèrent devant l'image de Śhrī Rāma avant de s'asseoir pour écouter la suite de l'histoire, racontée par Grand-mère.

Uṇṇi demanda avec curiosité : « La guerre a éclaté, grand-mère ? »

Grand-mère dit : « Rāma vit Rāvaṇa passer son armée en revue avec une expression dépourvue de la moindre trace de remords. Furieux, Rāma prit une des flèches de Lakṣhmaṇa, visa et la décocha. Une fraction de seconde plus tard, les dix couronnes de Rāvaṇa et son parasol de cérémonie s'écrasèrent au sol. Rāvaṇa, mortifié, se précipita et ordonna à ses généraux : « Que la guerre commence ! Il est indigne d'un homme de rester caché chez lui ! »

Munis d'armes diverses, les *rākṣhasas* montèrent aussitôt dans divers véhicules et se dirigèrent vers le champ de bataille au son retentissant des tambours battants et des trompettes. Les généraux divisèrent les forces et postèrent les divisions aux quatre entrées des tours. L'armée de Śhrī Rāma se divisa également en quatre groupes et se posta dans les quatre directions. Les singes se mirent à soulever les rochers et les montagnes et à déraciner les arbres. Ils visaient bien et lançaient d'énormes rochers et arbres, détruisant de nombreuses parties de Lanka. Ils pulvérisèrent les hautes et solides murailles des forts et comblèrent les profonds fossés.

Les *rākṣhasas* se mirent à tirer avec toutes sortes d'armes sur l'armée des singes. De nombreux soldats moururent de part et d'autre. Rāvaṇa envoya des *rākṣhasas* espionner l'armée de Śhrī Rāma. Ces *rākṣhasas* se déguisèrent en singes et pénétrèrent dans le camp ennemi, mais les vrais singes les démasquèrent. Tu peux imaginer la suite. Ils frappèrent les *rākṣhasas* déguisés en singes. Lorsque les *rākṣhasas* se mirent à hurler de douleur, dans sa compassion, le Seigneur Rāma ordonna aux singes d'arrêter de les frapper et de les libérer.

Pendant ce temps, beaucoup disaient à Rāvaṇa qu'il était impossible de vaincre Śhrī Rāma. Utilisant la magie noire, le méchant roi fit apparaître la tête et l'arc de Rāma et les déposa devant Sītā, proclamant qu'il avait tué son Seigneur. Sītā se pâma de chagrin. Après le départ de Rāvaṇa, l'épouse de Vibhīṣhaṇa consola Sītā et la convainquit que ce n'était qu'une illusion fabriquée par Rāvaṇa.

Une guerre infernale faisait rage entre les deux armées. Angada tua tous les *rākṣhasas* qui le défièrent. Le bruit et la fureur de la guerre résonnaient dans le monde entier. Les bruits des éléphants et des chevaux, les mouvements des roues des chars, les cris rauques des *rākṣhasas* et le bavardage des singes engendrèrent une effroyable cacophonie. Même les *dēvas* observaient le combat depuis les cieux.

Lorsqu'Indrajit, le fils de Rāvaṇa, se trouva face à face avec Angada, ce dernier tua le conducteur du char d'Indrajit. Sugrīva, Hanumān et Vibhīṣhaṇa combattirent et

tuèrent de puissants *rākṣhasas.* Indrajit avait sur lui une arme puissante, le *nāgāstra*, la flèche-serpent. Il utilisa le *nāgāstra* qui fit très grand effet et fit s'évanouir l'armée des singes et même Rāma et Lakṣhmaṇa. Le monde fut envahi de tristesse. Indrajit fit sonner le cor de la victoire en rentrant au palais. »

Uṇṇi avait l'air triste et malheureux : « Grand-mère, quelle horreur ! Même le Seigneur Rāma est tombé ! Que va-t-il se passer maintenant ? »

Grand-mère continua : « Écoute, Uṇṇi. Un froissement d'ailes puissantes fit trembler le monde entier. La lumière d'un million de soleils illumina la scène. »

Inquiet, Uṇṇi demanda : « Qui était-ce, Grand-mère ? »

« Uṇṇi, c'était Garuḍa lui-même, descendu de Vaikuṇṭha. Garuḍa atterrit aux pieds du Seigneur Rāma et se prosterna devant lui. Comme les serpents sont impuissants devant les aigles, Garuḍa priva de leur pouvoir les serpents qui avaient jeté un sort à l'armée des singes, à Rāma et à Lakṣhmaṇa. L'armée retrouva ses esprits et reprit le combat de plus belle. Rāvaṇa comprit que tous les singes tués par Indrajit étaient revenus à la vie. Il convoqua le *rākṣhasa* nommé Dhūmrakṣha et lui dit : « Dhūmrakṣha, tue tous ces singes arrogants et reviens me voir. »

Un combat acharné éclata entre Hanumān et Dhūmrakṣha. Finalement, Hanumān tua Dhūmrakṣha. De nombreux singes et *rākṣhasas* moururent sur le champ de bataille. La guerre se poursuivit. Les singes se battaient avec des pierres, des rochers, des montagnes et des arbres et les *rākṣhasas* avec leurs armes.

Rāvaṇa choisit alors les *rākṣhasas* les plus forts et les envoya au combat, mais l'armée de Rāma les tua jusqu'au dernier. »

> ***Il est mal d'utiliser la sorcellerie ou la magie noire pour vaincre un ennemi. Au début, cela peut réussir, mais cela se termine invariablement par un désastre.***

46. Les préparatifs de Rāvaṇa

Grand-mère continua le récit du *Rāmāyaṇa.* « Le commandant en chef de l'armée de Rāvaṇa était Prahasta, un *rākṣhasa* d'une grande force. Avec quatre ministres et l'armée des *rākṣhasas*, il fit face à l'armée des singes. Des rivières de sang inondèrent le sol. Finalement, Jāmbavān, un singe d'une force immense, tua les quatre ministres. Nīla tua Prahasta. À cette nouvelle, Rāvaṇa dit avec arrogance : « Je vais sur le champ de bataille. Préparez le char royal. Que l'armée me suive ! »

Rāvaṇa et ses troupes d'élite se préparaient au combat. De loin, Rāma aperçut Rāvaṇa et ses guerriers. Souriant à Vibhīṣhaṇa, il lui dit : « Je t'en prie, donne-moi tous les renseignements concernant les *rākṣhasas* qui montent au front. »

Avec force détails, Vibhīṣhaṇa décrivit les points forts de chaque *rākṣhasa.* « Le gros *rākṣhasa* s'appelle Atikāya. C'est l'un des fils de Rāvaṇa. Près de lui se tient Indrajit, un autre de ses fils. Assis sur l'éléphant se trouve Mahōdara. Celui qui tient une massue en fer s'appelle Narāntaka. Plus loin suivent Kumbha et Nikumbha, les fils de Kumbhakarṇa. »

Lorsque Rāvaṇa vit que tous ses fils l'accompagnaient au front, il leur dit : « Retournez défendre le palais. Je peux combattre cette armée tout seul ! »

Uṇṇi écoutait attentivement l'histoire. Il avait l'air d'être sur le champ de bataille avec Rāma et Rāvaṇa. Grand-mère poursuivit : « Rāvaṇa fendit l'armée des singes avec ses armes. Le Seigneur Rāma se prépara au combat. Lakṣhmaṇa lui demanda : « Laisse-moi le combattre en premier ». Le Seigneur accepta la demande sincère de son frère.

Hanumān ne put contenir sa colère lorsqu'il vit Rāvaṇa, le ravisseur de Sītā Dēvī : « C'est moi qui ai tué ton fils, Akṣhay Kumār. Je te réserve le même sort ! »

En une fraction de seconde, Hanumān bondit sur Rāvaṇa et lui asséna un coup de massue. Sous la force du coup, Rāvaṇa frémit et tomba à terre. Il se dit : « Que voilà une bête puissante ! » et il dit à Hanumān : « Tu es vraiment un singe avec lequel il faut compter ! »

Et Hanumān de répondre : « Personne ne survit à mes coups, mais toi, tu es encore en vie. Ce qui veut dire que j'ai perdu ma force. Néanmoins, battons-nous. »

Hanumān n'avait pas fini de parler que Rāvaṇa le frappa durement. Hanumān tomba inconscient. Voyant cela, Nīla sauta sur les têtes de Rāvaṇa et se mit à danser sur ses dix têtes couronnées et à les piétiner. Rāvaṇa saisit le *āgnēyāstra*[14], et Nīla fut projeté au loin. Lui aussi gisait à terre.

Lakṣhmaṇa s'avança prestement et fit pleuvoir des flèches sur le puissant Rāvaṇa. Elles tombaient si dru que l'on ne voyait même plus le champ de bataille. Lakṣhmaṇa fit alors tomber l'arc de Rāvaṇa au sol. Le roi *rākṣhasa* saisit la lance que Maya lui avait donné et visa la poitrine de Lakṣhmaṇa. Quand la lance l'atteignit en pleine poitrine, Lakṣhmaṇa tomba sans connaissance. Rāvaṇa courut vers l'endroit où il gisait et essaya de soulever Lakṣhmaṇa, mais ne parvint pas à le faire bouger d'un pouce. Rāvaṇa était célèbre pour sa force extraordinaire. Il avait autrefois soulevé le mont Kailāsa et joué avec. Maintenant, se voyant

[14] Arme qui lance des flammes inextinguibles.

incapable de soulever Lakṣhmaṇa, Rāvaṇa comprit que c'était la volonté de Śhrī Rāma qui l'empêchait de déplacer, ne serait-ce qu'un peu, le corps de Lakṣhmaṇa. Il eut honte.

Remis du choc, Hanumān courut vers Lakṣhmaṇa, il le releva comme une fleur, le déposa aux pieds de Rāma et s'inclina devant le Seigneur.

La lance de Maya, fichée jusqu'alors dans la poitrine de Lakṣhmaṇa, se retourna contre Rāvaṇa. Rāma, incandescent de rage, attaqua Rāvaṇa. Il dit : « Hé, *rākṣhasa* ! Me voilà enfin face à face avec toi. Je vais te tuer et tous les *rākṣhasas* avec toi ! »

Une lutte acharnée s'ensuivit. Certaines des flèches de Rāvaṇa transpercèrent le corps d'Hanumān. Furieux, Rāma visa la poitrine de Rāvaṇa et lui décocha une flèche. Rāvaṇa s'effondra sans connaissance.

Rāma détruisit ensuite son char, son parasol de cérémonie et sa couronne. Le Seigneur, juste même à la guerre, se refusa à tuer un ennemi sans défense et sans arme : « Hé, *rākṣhasa* ! Je te vois sans défense. Retourne à Lanka. Reviens demain, prêt à combattre ! » Honteux, Rāvaṇa se retira dans son palais ; il s'assit sur son trône, perdu dans ses pensées.

Le Seigneur soigna Lakṣhmaṇa et les singes blessés avec le remède *siddha*[15][15] et tous guérirent complètement.

Assis sur son trône, découragé, Rāvaṇa dit à son entourage : « Je pense que les beaux jours de Lanka sont terminés. Tous les mérites que j'ai acquis au cours de mes vies précédentes sont épuisés. J'ai encouru les malédictions de nombreuses grandes âmes et de chastes épouses dévouées. Ces malédictions prennent-elles effet maintenant ? Réveillez

---

[15] Remède traditionnel du Sud de l'Inde.

Kumbhakarṇa. Mon puissant frère pourra vaincre Śhrī Rāma. »

Les *rākṣhasas* firent tout ce qu'ils purent pour réveiller le géant endormi. »

> ***Le code de la guerre interdit l'utilisation d'armes contre des adversaires faibles qui ne sont pas en mesure de se défendre.***

47. Le plaidoyer pour la paix de Kumbhakarṇa et sa mort

Grand-mère reprit : « Les *rākṣhasas* s'efforcèrent de réveiller Kumbhakarṇa qui était aussi grand et fort qu'une montagne. Une division de l'armée grimpa sur sa poitrine et y courut de long en large. Ils lui versèrent des pots d'eau dans les oreilles sans même parvenir à le faire bouger. Il ronflait de plus en plus fort. Alors, à l'aide d'éléphants, les *rākṣhasas* tentèrent d'arracher les poils des narines de Kumbhakarṇa. Cela ne le fit même pas bouger. Pire, les poils de ses narines lacérèrent les trompes des éléphants ! Les *rākṣhasas* battaient d'énormes tambours, soufflaient à tout rompre dans les trompettes et faisait claquer les cymbales à son oreille. »

Uṇṇi riait sans pouvoir s'arrêter. Il se tordait de rire et finit par tomber sur les genoux de Māḷu. Grand-mère pouffa de rire, puis continua.

« Tout ce vacarme dura longtemps et finit par réveiller Kumbhakarṇa. Il étira son corps de colosse et se leva. Craignant pour leur vie, les *rākṣhasas* coururent se cacher. Il cligna des yeux et les ouvrit lentement. Kumbhakarṇa commençait toujours par festoyer dès qu'il ouvrait les yeux. Les *rākṣhasas* avaient préparé des marmites remplies de sang et d'alcool, des monticules de riz et de curry et d'autres plats qu'il aimait. Kumbhakarṇa dévora toute la nourriture en un tour de main et son ventre gonfla. Il demanda alors pourquoi on l'avait réveillé anormalement tôt. Les *rākṣhasas* lui expliquèrent tout ce qui s'était passé sur le champ de bataille. Kumbhakarṇa dit : « Dans ce cas, je vais demander la bénédiction de mon frère aîné et me rendre immédiatement sur le champ de bataille. »

Kumbhakarṇa se rendit au palais de Rāvaṇa. Rāvaṇa fut très heureux de voir son jeune frère. Tous ses espoirs de victoire reposaient désormais sur Kumbhakarṇa. Serrant fortement Kumbhakarṇa dans ses bras, Rāvaṇa lui raconta par le menu tout ce qui s'était passé jusqu'à présent : « Rāma est venu se battre avec une armée de singes, mais il ne faut pas les prendre à la légère. Ils ont tué des guerriers chevronnés et forts comme Prahasta. Je me suis battu avec Rāma et il a failli me tuer. Tu es le seul espoir qui me reste maintenant. Tue Rāma, Lakṣhmaṇa et l'armée de singes ! »

La demande de Rāvaṇa surprit Kumbhakarṇa : « Je vois que mon frère aîné ne sait pas discerner le bien du mal. Tu dois donc écouter les personnes qui en sont capables. Je t'avais dit de rendre Sītā à Rāma. Vibhīṣhaṇa t'a dit la même chose. Mais dans ta colère, tu l'as banni du royaume. En présence du danger, certaines personnes perdent leur bon sens. Même si on leur indique ce qu'il faut faire, les imbéciles n'écoutent pas les bons conseils. Le désir que tu éprouves pour Sītā conduira notre race à sa perte. Sītā et Rāma sont des incarnations de Dieu. Ne crois pas que tu puisses les tuer. Il vaut mieux que tu cherches refuge en Rāma et que tu vives prospère et en paix. »

Rāvaṇa éclata de colère : « Petit frère, je ne t'ai pas réveillé à grand peine pour t'entendre prêcher ! Je t'ai réveillé pour que tu te battes avec Rāma. Va te battre, si tu le peux. Sinon, retourne te coucher ! »

Sur ce, Kumbhakarṇa leva sa lourde lance et s'avança sur le champ de bataille en songeant : « Mieux vaut mourir des mains de Śhrī Rāmachandra et atteindre la libération éternelle que vivre sous la coupe de mon cruel frère aîné ! »

Lorsque les singes virent Kumbhakarṇa s'avancer vers eux comme une énorme montagne, pris de peur, ils s'enfuirent et se cachèrent. Kumbhakarṇa était si grand qu'il pouvait toucher les cieux. Śhrī Rāma interrogea Vibhīṣhaṇa pour savoir qui était ce guerrier.

Vibhīṣhaṇa répondit : « C'est Kumbhakarṇa, mon frère aîné et le frère cadet de Rāvaṇa. Personne ne peut l'emporter sur lui. »

Vibhīṣhaṇa courut vite vers son frère aîné : « Frère aîné, je m'incline devant toi. J'ai essayé très fort de convaincre notre frère de rendre Sītā à Rāma et de prendre refuge en lui, mais il ne m'a pas écouté. Au contraire, il a dégainé son épée et a menacé de me tuer. Je suis alors venu auprès de Śhrī Rāmachandra et j'ai pris refuge en lui. »

Kumbhakarṇa était un redoutable *rākṣhasa*, mais il n'en était pas moins juste et il n'aimait pas les mauvaises intentions de Rāvaṇa. Il faisait la différence entre le bien et le mal. Kumbhakarṇa serra très affectueusement son jeune frère dans ses bras : « Tu es vraiment béni. Sauve l'avenir de notre race en servant Rāma. Mais j'ai décidé de faire la guerre au nom de notre frère par amour et par sens du devoir envers lui. »

Vibhīṣhaṇa s'inclina devant Kumbhakarṇa et retourna auprès de Śhrī Rāma.

Kumbhakarṇa se prépara au combat et bientôt sa colère grandit au point qu'il combattit durement. Il tuait les singes avec ses mains et ses pieds. Craignant pour leur vie, les singes se dispersèrent dans toutes les directions. En un tour de main, Kumbhakarṇa tua de nombreux singes. Sugrīva déracina une énorme montagne et la lança sur le géant *rākṣhasa* sans même l'égratigner. Elle rebondit sur sa poitrine et retomba. Kumbhakarṇa visa Sugrīva avec sa lance. Elle le frappa à la poitrine et l'assomma. Kumbhakarṇa emporta Sugrīva inconscient comme s'il avait d'ores et déjà gagné la guerre.

Voyant cela, les femmes *rākṣhasa* se réjouirent. Du balcon de leurs maisons, elles aspergèrent de l'essence de jasmin et jetèrent des guirlandes imbibées d'essence de santal à Kumbhakarṇa. Grâce à la fraîcheur des gouttes de jasmin et de santal et aux guirlandes, Sugrīva reprit conscience. Il mordit le nez et les oreilles de Kumbhakarṇa et bondit dans les cieux. Humilié, Kumbhakarṇa repartit en courant sur le champ de bataille, le visage ensanglanté. Lakṣhmaṇa lui décocha plusieurs flèches. Kumbhakarṇa attrapait des singes et les engloutissait. Puis il se tourna contre le Seigneur Rāmachandra qui lui trancha la main droite avec laquelle il tenait sa lance. Rāma lui coupa ensuite la main gauche et les deux jambes. Enfin, Rāma utilisa l'*indrāstra* pour décapiter Kumbhakarṇa. Son corps tomba dans l'océan et sa tête coupée atterrit aux portes de la tour. Ainsi fut tué le terrible Kumbhakarṇa. Les dieux du ciel couvrirent Rāma de fleurs et le louèrent d'avoir débarrassé le monde de cette terrible menace.

Le sage Nārada descendit sur Terre et loua le Seigneur Rāma avec beaucoup de dévotion. Nārada prophétisa que Lakṣhmaṇa tuerait Indrajit et que Rāma tuerait Rāvaṇa. Sur ce, Nārada disparut. »

Bien qu'elles aient conscience de se trouver devant un être divin, de nombreuses personnes rejoignent le camp des opposants parce qu'elles fréquentent des ignorants. De telles personnes seront finalement vaincues. Kumbhakarṇa en est un bon exemple.

48. Mort d'Atikāya et victoire d'Indrajit

Grand-mère continua l'histoire du *Rāmāyaṇa.* « Lorsque Rāvaṇa apprit la mort de son frère, il en fut si choqué qu'il s'évanouit. Lorsqu'il reprit ses esprits, il se lamenta sur la mort de Kumbhakarṇa. Huit grands guerriers *rākṣhasas* s'approchèrent de Rāvaṇa : Triśhiras, Atikāya, Dēvāntaka, Narāntaka, Mahōdara, Mahāpārśhva, Mattan et Unmattan. Ils dirent à Rāvaṇa : « Nous irons sur le champ de bataille et nous tuerons Rāma ! »

Leurs paroles consolèrent Rāvaṇa et le réconfortèrent un peu. Il leur dit d'y aller. Lorsque les singes virent les huit *rākṣhasas* approcher, ils se mirent à leur lancer des pierres, des montagnes et des arbres. Les *rākṣhasas* ripostèrent. Les deux camps étaient bien équilibrés. Il coula des rivières de sang. Les *rākṣhasas* souffrirent plus que les singes. Angada tua Narāntaka. Hanumān, Angada, Nīla et Ṛiṣhabha tuèrent ensemble six des *rākṣhasas* restants. Seul Atikāya resta en vie. Archer émérite, il s'avança fièrement sur le champ de bataille sur un char tiré par mille chevaux. Les singes s'enfuirent, terrorisés. Voyant cela, Lakṣhmaṇa alla combattre Atikāya. Mais ses flèches ne parvenaient pas à percer l'armure d'Atikāya. Vāyu, le dieu du vent, apparut devant Lakṣhmaṇa sous forme humaine : « Atikāya porte une armure dont le Seigneur Brahmā l'a doté. Les lances ne peuvent pas le blesser. Utilise le *brahmāstra* contre lui. »

Lakṣhmaṇa médita sur Śhrī Rāma, puis propulsa le *brahmāstra* qui trancha la tête d'Atikāya. Les singes prirent la tête et la déposèrent aux pieds de Śhrī Rāma. Les paumes jointes en signe de dévotion, les singes se prosternèrent devant lui.

Les *rākṣhasas* restants, affaiblis et réduits en nombre, retournèrent auprès de Rāvaṇa et lui racontèrent la défaite et la mort de ses huit puissants guerriers *rākṣhasa*. Rāvaṇa trembla de peur. Très angoissé, il rugit : « Que vais-je faire maintenant ? Mes ministres et mes généraux ont tous été tués. Me voilà impuissant ! »

Indrajit venait d'entrer, il avait entendu la détresse de son père et vint se prosterner devant lui : « Pourquoi t'affliger alors que je suis vivant ? Crois-moi : la fin de nos ennemis est proche ! Donne-moi ta bénédiction et permets-moi d'entrer dans la mêlée. »

Quelque peu consolé par les paroles d'Indrajit, Rāvaṇa déclara : « Gagne la guerre et reviens vers moi ! »

Indrajit accomplit un rituel du feu sacré dédié au Seigneur Śhiva afin de décupler ses prouesses à la guerre. Cette cérémonie du feu sacrificiel eut lieu dans une grotte secrète nommée Nikumbhila. Les bénédictions d'Agni, le dieu du feu, dotèrent Indrajit de nombreuses armes et de leur maniement et aussi de la capacité d'apparaître et de disparaître à volonté. Il parut sur le champ de bataille. Les singes lui firent face avec vigueur. Le combat commença.

On aurait dit que les flèches d'Indrajit pleuvaient sur l'armée de singes qui se défendait vaillamment. La bataille redoubla d'intensité. Un grand nombre de *rākṣhasas* mourut sur le champ de bataille ce qui bouleversa et enragea Indrajit. Il disparut, se cacha dans les cieux, et utilisa le *brahmāstra* contre l'armée de singes. Les singes s'effondrèrent, sans connaissance. Une centaine de flèches frappèrent Sugrīva qui perdit lui aussi connaissance. Ce magicien vainquit, à lui seul, plusieurs millions de singes ! Rāma et Lakṣhmaṇa étaient stupéfaits de ne plus voir personne aux alentours. Avant qu'ils aient pu comprendre ce qui se passait, Indrajit lança ses flèches contre Rāma et Lakṣhmaṇa qui s'effondrèrent. Alors, Indrajit sortit sa conque et plein d'arrogance, il sonna la victoire avant de retourner au palais.

Profondément inquiets, les sages et les *dēvas* étaient interdits car Śhrī Rāma et Lakṣhmaṇa dirigeaient l'armée. Les deux héros et les généraux comme Sugrīva gisaient tous au sol, immobiles. Qui pourrait ranimer Rāma et Lakṣhmaṇa ? Seul Vibhīṣhaṇa, le frère de Rāvaṇa, en aurait le pouvoir. Il se tenait à distance et observait tout. »

Le bien et le mal sont de force égale. Seule la grâce de Dieu peut nous permettre de vaincre le mal. Même une incarnation divine a pu chanceler temporairement sous les coups du mal.

49. Hanumān part en quête de l'élixir. Les stratagèmes de Kālanēmi

Uṇṇi dit : « Grand-mère, c'est terrible ! Śhrī Rāma, Lakṣhmaṇa et tous les singes ont perdu connaissance ! Qui va se battre maintenant ? Qui va vaincre Rāvaṇa ? »

Grand-mère dit : « Je vais te le dire, Uṇṇi. N'ai-je pas dit que quelqu'un observait la bataille de loin ? Quelqu'un qui a vu que Rāma, Lakṣhmaṇa et tous les singes étaient tombés ? Ils étaient inconscients faute d'avoir pu lutter contre un Indrajit qui avait disparu dans les cieux. Qui était-ce, Uṇṇi ? T'en souviens-tu ? »

Uṇṇi répondit : « Vibhīṣhaṇa. »

Grand-mère dit : « Oui, il s'agissait bien de Vibhīṣhaṇa, en effet. Il était resté caché à dessein. Indrajit était retourné au palais. À la tombée de la nuit, Vibhīṣhaṇa alluma une torche et marcha parmi ceux qui étaient tombés pour chercher ceux qui étaient encore en vie. Hanumān marchait également, tout seul, sur le champ de bataille, à la recherche de ceux qui étaient encore en vie. Les cadavres et ceux qui étaient inconscients jonchaient tout le champ de bataille. Vibhīṣhaṇa et Hanumān se rencontrèrent. Tous deux, dévots de Śhrī Rāma, s'affligèrent de voir les princes tombés au combat. À ce moment-là, Jāmbavān reprit conscience. Il reprit conscience grâce aux bénédictions de son père, Brahmā. Néanmoins, il avait du mal à ouvrir les yeux. Vibhīṣhaṇa s'approcha de lui et demanda : « Hé, noble singe ! Es-tu vivant ? C'est merveilleux ! Me reconnais-tu ? »

Jāmbavān répondit : « Je ne peux pas ouvrir les yeux car ils sont collés par du sang séché. C'est toi, Vibhīṣhaṇa, n'est-ce pas ? »

« Oui c'est bien moi. »

« Est-ce qu'Hanuman est vivant ? »

Surpris, Vibhīṣhaṇa demanda : « Pourquoi t'enquérir d'Hanumān et non de Rāma et de Lakṣhmaṇa ? Éprouves-tu tant d'affection pour lui ? »

Jāmbavān répondit : « Ce n'est pas que je ne me préoccupe pas des princes, mais pour l'instant, nous avons besoin d'Hanumān. De lui dépend la vie de tous les autres. »

En entendant la voix de Jāmbavān, Hanumān se précipita joyeusement vers lui : « Me voici, sain et sauf ! »

Jāmbavān était ravi : « Hé, Vāyuputra ! Il n'y a qu'un moyen de sauver Rāma, Lakṣhmaṇa et tous les singes qui gisent sans connaissance. Il n'y a que toi pour faire ce qu'il faut. Va dans les Himālayas. Près du Kailāsa se trouve le mont Ṛiṣhabha. Quatre herbes médicinales divines : *viśhālyakariṇi, sandhānakariṇi, suvarṇakariṇi et mṛitasañjīvani,* poussent au sommet de cette montagne. Ces herbes sont imprégnées de la puissance et de l'énergie du soleil. Va vite, ramasse ces herbes et rapporte-les. Elles ont le pouvoir de ranimer tout le monde. »

À peine Hanumān avait-il entendu cela qu'il se mit en route. Debout au sommet des monts Mahēndra, il rugit puissamment. La terre de Lanka, les *rākṣhasas*, les montagnes et même l'océan frémirent devant la puissance de son rugissement. Puis il fit un grand bond vers le nord.

En quelques secondes, Hanumān atteignit les Himālayas, dépassa les chaînes de montagnes, atterrit sur le mont Kailāsa et vit le mont Ṛiṣhabha. Hanumān resta figé, stupéfait par la splendeur et la majesté du sommet du mont Kailāsa.

Entre-temps, Rāvaṇa, qui avait partout des espions secrets et des messagers, avait appris qu'Hanumān était parti se procurer des herbes médicinales. Il prit peur. Il resta assis à réfléchir pendant un certain temps. Finalement, il échafauda un stratagème pour arrêter Hanumān. Son oncle Kālanēmi, était un habile magicien. Rāvaṇa alla trouver Kālanēmi et lui décrivit le déroulement de la bataille. « Rāma, Lakṣhmaṇa et l'armée des singes gisent morts sur le champ de bataille. Indrajit est rentré victorieux au palais. Si Hanumān rapporte les remèdes, il les ressuscitera. Il ne faut pas que cela arrive. Tu dois empêcher Hanumān de revenir. »

« Comment dois-je m'y prendre ? » demanda Kālanēmi.

Rāvaṇa déclara : « Il y a un moyen. Prends l'apparence et les manières d'un sage et tiens-toi sur son chemin. Comme Hanumān a beaucoup de respect pour les sages, il se prosternera devant toi. Parle-lui de Dieu et de spiritualité. Il restera là et t'écoutera. Passé un certain délai, les herbes médicinales perdent leur efficacité. »

Kālanēmi était un *rākṣhasa*, mais il connaissait bien Dieu et les questions relatives au Soi. Il désirait par dessus tout la paix. Kālanēmi craignait beaucoup Rāvaṇa, mais il pensait qu'avec un peu de chance, Rāvaṇa, son neveu, l'écouterait et lui obéirait, à lui, son oncle. Kālanēmi parla longuement du caractère éphémère de la vie sur Terre. Il parla ensuite de la gloire du nom de Rāma et de son pouvoir d'effacer les péchés commis dans les vies antérieures. Il suffisait de réciter le nom de Rāma avec amour et dévotion et l'on serait purifié. Il conseilla à Rāvaṇa : « Renonce à ton inimitié envers Rāma. Prie-le avec dévotion. La vie te sourira. »

En entendant cela, Rāvaṇa se mit dans une colère terrible. « Je vais d'abord te tailler en pièces avant de faire quoi que ce soit d'autre ! » Sur ce, il dégaina son épée.

Kālanēmi s'écria : « Non, arrête ! Je vais faire ce que tu veux. Mais nul doute que cette guerre va te conduire à ta perte. J'atteindrai la libération. »

Kālanēmi fit apparaître un ermitage le long de la route empruntée par Hanumān pour se rendre au mont Ṛiṣhabha. Il prit l'apparence d'un sage et fit apparaître des disciples et des serviteurs. Lorsqu'Hanumān vit l'ashram, il décida de rendre visite au sage et de se désaltérer avant de poursuivre son voyage pour ramasser les herbes divines. L'ermitage était magnifique avec de nombreux arbres fruitiers. Il vit le sage en train de vénérer le Seigneur Śhiva. Hanumān se prosterna humblement devant le sage et lui dit qu'il était un serviteur du Seigneur Rāma. Il raconta au sage qu'il était en mission pour son Seigneur. Il avait soif et voulait savoir s'il y avait un lac à proximité où il pourrait étancher sa soif.

Kālanēmi dit : « Avec mes yeux de clairvoyance, je vois sur le champ de bataille Rāma, Lakṣhmaṇa et les singes se relever en pleine forme. Bois l'eau de mon *kamaṇḍalu* (pot à eau) pour étancher ta soif. »

Hanumān le crut, mais il lui dit que l'eau du petit *kamaṇḍalu* ne suffirait pas à étancher sa soif et qu'il préférait boire à un lac ou à une rivière. Kālanēmi fit apparaître un brāhmane et lui demanda de conduire Hanumān à une source. Il demanda à Hanumān de revenir après avoir bu l'eau afin qu'il puisse lui donner un mantra qui l'aiderait à identifier rapidement les herbes et à les rapporter. Il demanda également à Hanumān de boire les yeux fermés.

Hanumān entra dans la source d'eau profonde que le brāhmane lui avait montrée, ferma les yeux et se mit à boire. Un énorme poisson s'approcha pour le gober. En fait, Hanumān avait entrouvert les yeux et vu le poisson à la gueule grande ouverte. Il attrapa le poisson et le déchira en deux.

Une lumière divine émana du poisson qui se transforma en une *apsara* (nymphe céleste). L'*apsara* dit : « Je suis une *apsara* nommée Dhanyamāli que la malédiction d'un sage a changée en poisson. Tu m'as libérée de cette malédiction. Laisse-moi te dire quelque chose : c'est Kālanēmi qui est assis dans l'ashram, déguisé en sage. Son intention est de t'empêcher de continuer ton voyage. Va le tuer. Ramasse les herbes médicinales et reviens vite. Anéantis toute la race des *rākṣhasas.*

Hanumān retourna aussitôt à l'ashram. Kālanēmi l'attendait : « Viens, selon la coutume, donne-moi la *dakṣhiṇa* (offrande monétaire) afin que je puisse t'initier au mantra. »

Hanumān le tua d'un coup de poing sur la tête. Nous continuerons l'histoire demain », dit Grand-mère.

Uṇṇi accepta en souriant.

Le Seigneur aide les dévots à surmonter les obstacles qui se présentent sur leur chemin.

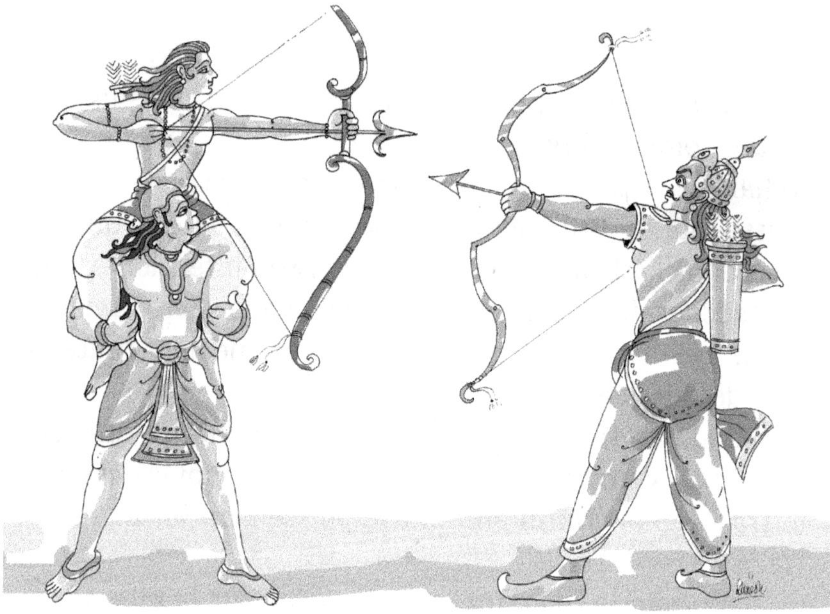

50. Les effets de l'élixir. Indrajit trouve la mort

Uṇṇi demanda : « Hanumān a-t-il cueilli les herbes divines, grand-mère ? »

« Bien sûr, Hanumān ne pouvait pas échouer ; il a rapporté les herbes. Lorsqu'il atteignit le mont Drōṇa, il se prosterna. Il aperçut ensuite le mont Ṛiṣhabha. Mais comment allait-il trouver les herbes demandées spécifiquement par Jāmbavān sur cette montagne couverte d'herbes médicinales ? Il n'avait pas de temps à perdre. Il déracina toute la montagne, la prit d'une main et s'élança dans les airs.

Il ne fallut pas plus de quelques minutes à Hanumān pour se poser, avec la montagne, devant Śhrī Rāma. Comme l'air autour de la montagne exhalait le parfum des herbes médicinales, Rāma, Lakṣhmaṇa et les singes qui s'étaient évanouis revinrent à la vie en respirant cet air.

Mais il y avait un problème : si la montagne restait sur le champ de bataille, il serait impossible de tuer les *rākṣhasas*, car eux aussi reviendraient à la vie s'ils étaient tués. Par conséquent, le Seigneur demanda à Hanumān de remettre la montagne là où il l'avait prise. Hanumān obéit au Seigneur. Il remit le mont Ṛiṣhabha à sa place initiale. »

Quelque chose tracassait Uṇṇi. « Grand-mère, lorsque Śhrī Rāma, Lakṣhmaṇa et les singes ont été ressuscités, les *rākṣhasas* qui étaient tombés ont dû revenir eux aussi à la vie, n'est-ce pas ? »

« Ô Uṇṇi ! Comme tu es intelligent, mon garçon ! Grand-mère a oublié de mentionner que Rāvaṇa avait ordonné que les corps de tous les *rākṣhasas* morts soient jetés à la mer. Il n'y avait donc aucun *rākṣhasa* mort sur le champ de bataille. »

Uṇṇi applaudit : « Bien ! »

Grand-mère reprit : « Sugrīva décréta que personne ne devait rester en dehors de la cité de Lanka. « La plupart des *rākṣhasas* ont été tués. Détruisez les forts et entrez dans la ville ! Brûlez les maisons et comblez les puits et les douves ! »

Les singes obéirent à son commandement. Ils pénétrèrent dans les forts, brûlèrent les maisons et comblèrent les profonds fossés. Une fois encore, Lanka était la proie des flammes. La ville était sur le point d'être réduite en cendres. Les *rākṣhasas* et les *rakṣhasīs* hurlaient de terreur. Le tumulte régnait partout. Devant ce spectacle, Rāvaṇa perdit son calme.

Sous le commandement de Nikumbha, les *rākṣhasas* d'élite se lancèrent dans la bataille. Les singes avaient été fortement stimulés par le parfum des herbes médicinales. Ils attaquèrent et massacrèrent les troupes d'élite de l'armée des *rākṣhasas*. Monté sur son char, Kumbha chargea sur le champ de bataille, faisant pleuvoir des volées de flèches au passage. Sugrīva souleva l'énorme *rākṣhasa* et le jeta à la mer, mais Kumbha revint à la nage, déchaînant les flots. Sugrīva le tua. Nikumbha monta alors à la charge mais Hanumān le tua. Terrifiés, les autres *rākṣhasas* s'enfuirent, quittant le champ de bataille, et informèrent Rāvaṇa de la mort de Kumbha et de Nikumbha.

Rāvaṇa sentit la peur l'envahir. Il envoya Makarākṣhasa, un *rākṣhasa* rusé et fort, sur le champ de bataille. Makarākṣhasa fit pleuvoir des flèches de feu sur les singes. Voyant que les singes perdaient confiance en eux, le Seigneur Rāma prit lui-même Makarākṣhasa à partie. Tous deux se battirent longtemps, c'était un combat à forces égales, semblait-il. Finalement, Rāma utilisa l'*āgnēyāstra* pour tuer la brute.

Indrajit avait regagné son palais après avoir terrassé Śhrī Rāma et l'armée des singes. Lorsqu'il apprit que Rāma et les singes avaient été ressuscités et avaient tué les meilleurs des *rākṣhasas*, il fut pris de rage. Il attaqua tous les singes qui étaient entrés à Lanka et les jeta dehors. Il consola son père : « Tranquillise-toi. Il n'y a pas lieu de s'inquiéter. » Puis il repartit sur le champ de bataille à la tête d'une immense armée.

En le voyant avancer, Lakṣhmaṇa dit : « Frère, ce magicien va de nouveau se rendre invisible et faire pleuvoir sur nous ses flèches et nous perdrons connaissance. Pourquoi ne lances-tu pas le *brahmāstra* afin d'anéantir la race des *rākṣhasas* ? »

Le Seigneur dit : « Il est interdit d'employer le *brahmāstra* contre ceux qui se cachent pendant qu'ils combattent. On ne doit pas non plus l'utiliser contre les combattants désarmés. C'est contraire au *dharma*. Mais nous vaincrons Indrajit au combat. »

Indrajit avait l'air pensif. Il se replia soudain à Lanka. Il fit apparaître une forme de Sītā, l'assit à ses côtés dans son char, et se rendit sur le champ de bataille. À cette vue, Hanumān lui-même hésita, ne sachant que faire. Puis, devant tous les singes, Indrajit trancha la tête de Sītā, faisant gicler du sang partout.

Hanumān était convaincu qu'Indrajit avait assassiné Sītā Dēvī. Désespéré, il quitta le champ de bataille. Il informa le seigneur Rāma de ce qui s'était passé. Śhrī Rāma s'évanouit. Lakṣhmaṇa et Hanumān tentèrent de le ramener à lui. Vibhīṣhaṇa, témoin à distance de tous ces événements, vint voir le Seigneur en riant de bon cœur : « Indrajit a fait apparaître Māyāsītā, une forme de Sītā Dēvī. Comment pourrait-on détruire Dēvī ? Indrajit essaie de gagner du temps pour pouvoir se rendre dans la grotte Nikumbhila et y effectuer un rituel du feu. C'est la ruse qu'il a trouvée pour gagner du temps. »

Uṇṇi demanda à sa grand-mère : « Nikumbhila ? »

« Nikumbhila est un site sacré où se déroulaient des rituels du feu sacrés. La statue de Bhadrakāḷī qui se trouve dans cette grotte est connue sous le nom de Nikumbhila. Il fallait empêcher Indrajit d'accomplir les puissants *yajñas*. Dans le cas contraire, il aurait été difficile de le vaincre. Sur les conseils de Vibhīṣhaṇa, Lakṣhmaṇa, Angada, Hanumān, Vibhīṣhaṇa et d'autres entrèrent dans la grotte Nikumbhila. Il n'était pas facile de pénétrer dans cette grotte, étroitement gardée par des *rākṣhasas*. Les *rakṣhasas* furent tués à coups de pierres et d'arbres. Le vacarme fit sortir Indrajit qui barra le passage à Hanumān. Vibhīṣhaṇa avertit : « Son *yajña* a été interrompu. C'est le moment de l'attaquer ! »

Hanumān prit Lakṣhmaṇa sur ses épaules pour qu'il puisse attaquer Indrajit. Lakṣhmaṇa décocha des flèches. Indrajit riposta sans peur. En voyant Vibhīṣhaṇa, Indrajit s'écria : « Comment peux-tu passer à l'ennemi et laisser anéantir la race des *rākṣhasas* ? »

Vibhīṣhaṇa lui répondit calmement : « J'essaie, moi, de sauver notre race en servant Śhrī Rāma. Toi au contraire, tu es décidé à détruire chacun des nôtres. »

Une bataille féroce s'ensuivit. Les flèches d'Indrajit infligèrent de profondes blessures au corps de Lakṣhmaṇa. Mais Lakṣhmaṇa continua à se battre, il mit le char d'Indrajit hors d'usage et tua son cheval. Grâce à une puissante formule magique, Indrajit se retira et revint l'instant d'après avec un nouveau char et un nouveau cocher. Le combat acharné dura trois jours. Le troisième jour, Lakṣhmaṇa concentra son esprit sur le Seigneur Rāma, fit voler l'*indrāstra* et trancha la tête d'Indrajit. L'*indrāstra* fila vers la mer, se lava du sang de l'ennemi et revint se glisser à nouveau dans le carquois de Lakṣhmaṇa.

Les *dēvas*, les sages et les *apsaras* furent grandement soulagés. Lakṣhmaṇa revint avec les singes et se prosterna devant Śhrī Rāma qui embrassa son jeune frère et le félicita. « Tu as accompli un exploit impossible ! Quand il apprendra la mort de son fils, Rāvaṇa sera inconsolable ; il sortira se battre en personne ! »

Ils attendirent l'arrivée de Rāvaṇa. »

On ne doit pas violer les règles du code de la guerre. Ce n'est pas éthique.

51. Les lamentations de Rāvaṇa. Son hōma est entravé

Grand-mère continua le récit du *Rāmāyaṇa*. « Écoute, Uṇṇi. Lorsque Rāvaṇa apprit que son fils avait été tué, il s'évanouit. Quand il reprit conscience, il se lamenta. « Mon fils ! Comment supporter ce chagrin ? Pourquoi continuer à vivre ? Ô, mon fils ! »

Alors, il rugit de colère. Sītā était l'unique source de ses malheurs. Sa colère ne s'apaiserait pas avant de l'avoir tuée et d'avoir bu son sang. Il courut vers le bosquet d'arbres aśhōka où était assise Sītā. Quand elle le vit arriver, rouge de fureur, elle se mit à réciter : « Rāma ! Rāma ! Rāma ! Rāma ! Rāma ! » Quelques-uns des *rākṣhasas* qui la gardaient avaient le cœur bon. L'un d'entre eux s'appelait Supārśhvan, il était également très intelligent. Il avertit Rāvaṇa : « Ô Seigneur, ne tue pas une femme à présent. Tu t'attirerais l'infamie et de terribles malheurs. Nul ne peut rivaliser avec toi à la guerre et tu es passé maître dans tous les domaines de la connaissance. Va combattre ton ennemi. Bats-le sur le champ de bataille. Telle devrait être la prochaine et juste étape. Je suis avec toi. »

La colère de Rāvaṇa s'apaisa. Accompagné de ses *rākṣhasas*, il se rendit sur le champ de bataille. Les flèches de Śhrī Rāma lui blessèrent tout le corps. Il se retira dans son palais, apeuré et abattu, ferma les portes et s'assit. Puis il se rendit auprès du sage Śhukra, le guru de son clan, et s'inclina bien bas devant lui. Il déclara : « Ô Maître ! Il m'est impossible d'accepter d'être ainsi continuellement vaincu par mon ennemi. Kumbhakarṇa et Indrajit ont été tués. Que dois-je faire ? Je t'en prie, conseille-moi et accorde-moi ta bénédiction. » Il se tenait debout, humblement, devant le sage Śhukra.

Le sage lui conseilla avec bonté : « Accomplis immédiatement un *hōma* (cérémonie religieuse du feu). Cherche tout de suite un endroit secret. Accomplis un *yajña* en secret. Je te donnerai le mantra à réciter pendant que tu accompliras le *yajña*. Dans le feu rituel, des armes divines apparaîtront ; elles te rendront invincible. »

Comme le lui avait conseillé son guru, Rāvaṇa trouva une grotte secrète dans laquelle il pénétra. En accomplissant le *hōma*, il récita le mantra que son guru lui avait transmis. Vibhīṣhaṇa, le jeune frère de Rāvaṇa, connaissait toutes les techniques de son aîné. Lorsqu'il vit de la fumée s'élever dans les cieux, il dit à Rāma : « Ô Seigneur, lève les yeux et regarde le ciel. Rāvaṇa a commencé un *hōma*. S'il l'achève, personne ne pourra jamais le vaincre à la guerre. Je te prie donc de demander aux singes d'interrompre immédiatement le *hōma*. »

Sugrīva ordonna aux singes de mettre fin au *hōma*. Aussitôt, les singes détruisirent les fortifications environnantes. Ils tuèrent également les chevaux, les éléphants et les gardes. Mais ils ne réussirent pas à trouver l'endroit où se déroulait le *hōma*. C'était une grotte secrète, tu te souviens ? »

« Alors, comment ont-ils fait pour découvrir la grotte, Grand-mère ? »

« Sardamā, l'épouse de Vibhīṣhaṇa, se trouvait là. Elle leur indiqua silencieusement l'endroit exact. Les singes virent une ouverture bloquée par un énorme rocher. Angada pulvérisa la pierre et tous les singes se précipitèrent à l'intérieur. Uṇṇi, je n'ai pas besoin de décrire les dégâts qu'une tribu de singes déchaînés peut provoquer. Ils tuèrent les serviteurs, jetèrent dans le feu tous les objets consacrés entreposés pour le *hōma* et se mirent à frapper, mordre et griffer Rāvaṇa. Hanumān arracha de la main de Rāvaṇa la louche utilisée pour verser le *ghi* dans le feu sacrificiel. Pourtant, Rāvaṇa restait assis, immobile, profondément plongé dans sa méditation, l'esprit concentré sur la victoire. Voyant que Rāvaṇa demeurait imperturbable au milieu de tout ce chaos, les singes s'emparèrent de Maṇḍōdarī, l'épouse de Rāvaṇa. Ils lui arrachèrent ses bijoux et se mirent à déchirer ses vêtements. Effrayée, Maṇḍōdarī cria à Rāvaṇa : « Ô Seigneur de Lanka, ne vois-tu pas que les singes me malmènent ? Ô fou ! Tu restes impassible pendant que tes ennemis molestent ta propre femme ! Quel péché ai-je commis pour être ainsi insultée ? Imbécile, n'as-tu ni honte ni dignité ? »

Incapable de résister aux cris de sa femme, Rāvaṇa se leva d'un bond et se précipita vers les singes. Ceux-ci libérèrent Maṇḍōdarī et revinrent en courant vers Rāma. Ils lui dirent qu'ils avaient dérangé Rāvaṇa et interrompu le *hōma*.

Rāvaṇa dit à Maṇḍōdarī : « Considère tout comme la volonté de Dieu. Efface la tristesse de ton cœur. Je pars à la guerre. Soit je tuerai Rāma, Lakṣhmaṇa et l'armée de singes et reviendrai victorieux, soit Rāma me tuera. Si je suis vaincu et tué, tue Sītā sur-le-champ. Puis saute dans le feu, abandonne ton corps et atteins la libération. »

Très inquiète, Maṇḍōdarī répondit : « N'imagine pas un seul instant, que tu vas gagner la guerre ! Śhrī Rāma est l'incarnation du Seigneur Nārāyaṇa. Je comprends qu'il est né pour te tuer. Tous nos fils sont morts par ta faute. Tout cela parce que tu as sournoisement enlevé Sītā. Par conséquent, rends Sītā à Rāma. Rāma est infiniment compatissant. Il te pardonnera tous tes péchés. Remets le pays à Vibhīṣhaṇa. Allons vivre dans la forêt, méditant en paix pour le restant de nos jours. »

Mais Rāvaṇa refusa d'écouter les sages paroles de Maṇḍōdarī. Il justifia sa méchanceté et son obstination. « Il ne serait pas juste d'aller méditer en forêt quand tous les nôtres ont été tués. Les choses pourraient évoluer autrement que prévu. Telle est la loi de la nature. Je pars à la guerre. Sache que si Śhrī Rāma me tue, j'atteindrai sa demeure, Vaikuṇṭha ! »

Avec grand enthousiasme, Rāvaṇa partit au combat. »

Certains ont un ego si puissant qu'il détruit en eux toute sagesse et les plonge dans les ténèbres spirituelles. Ce n'est que face à l'adversité qu'ils se souviennent de Dieu et des lois de la nature.

52. La bataille entre Rāma et Rāvaṇa

La lampe à huile était allumée dans la salle de *pūjā*. Uṇṇi et Māḷu étaient assis en face de Grand-mère. Très impatient, Uṇṇi dit : « Grand-mère, Rāma et Rāvaṇa vont enfin se battre ! Ça va bientôt commencer, n'est-ce pas ? »

« Oui, Uṇṇi, la grande guerre allait enfin commencer. Rāvaṇa arriva sur le champ de bataille à la tête d'une immense armée. On peut se demander où Rāvaṇa avait bien pu rassembler une force militaire aussi puissante et bien armée, car plus des deux tiers des *rākṣhasas* de Lanka avaient déjà été tués ou mortellement blessés. Vois-tu, Rāvaṇa avait gardé au *Pātāḷa*, le monde souterrain, un fort contingent de *rākṣhasas* cruels, prêts et équipés en cas d'urgence et de danger. Rāvaṇa les convoqua et ils arrivèrent sur Terre. Cette marée de soldats sans cœur déferla sur le champ de bataille. Les singes furent effrayés par les vagues successives des forces ennemies qui semblaient se succéder sans fin sur le champ de bataille.

Śhrī Rāma dit à l'armée des singes : « Je ne veux pas qu'un seul d'entre vous les affronte. Vous seriez en grand danger. Je vais affronter cette armée en personne. » Śhrī Rāma enfila son armure et s'avança entre les rangs de l'armée *rākṣhasa*.

Écoute, cher Uṇṇi, quelles tactiques le Seigneur employa pour combattre. Il revêtit d'innombrables formes afin que chaque *rākṣhasa* affronte un Rāma et fasse l'expérience d'un combat avec le Seigneur. Comment trouver les mots justes pour décrire la grande bataille ? La pluie incessante de flèches qui déchiraient l'air était si dense et si forte qu'il était difficile de discerner si c'était la nuit ou le jour, la terre ou l'eau. Les *rākṣhasas* furent décimés ; le champ de bataille était couvert de cadavres décapités. Des millions et des millions d'entre eux gisaient morts. Une rivière de sang coulait à flots épais et rapides. Les goules vinrent se gorger de sang et vautours, corbeaux et loups vinrent se gaver de carcasses. En quelques heures, le Seigneur massacra tous les *rākṣhasas.*

Les *dēvas* traversèrent les cieux pour chanter des hymnes à la louange du Seigneur. Les épaisses ténèbres se dissipèrent et l'air devint transparent. Śhrī Rāma brillait de l'éclat du soleil. Émerveillés, Hanumān, Lakṣhmaṇa, Sugrīva et Vibhīṣhana regardaient le Seigneur anéantir à lui seul l'armée des féroces *rākṣhasas.*

Les gémissements assourdissants des familles des démons morts firent frémir Lanka. À leurs lamentations se mêlaient des imprécations contre Śhūrpaṇakhā et Rāvaṇa, contre la sœur pour avoir incité le frère à enlever Sītā. Ils s'écrièrent avec angoisse : « Nous devons supporter les conséquences des méchancetés de Rāvaṇa ! Vibhīṣhaṇa l'avait averti, mais cet ignoble tyran ne l'a pas écouté ! »

Les lamentations de ses sujets attristèrent Rāvaṇa. Il se rendit sur le champ de bataille avec Virūpākṣha, Mahōdara et Mahāpārśhvan, de puissants *rākṣhasas.* En chemin, ils virent beaucoup de mauvais présages.

Il s'ensuivit une bataille acharnée. Sugrīva tua Virūpākṣha et Mahōdara. Angada tua Mahāpārśhvan.

Rāvaṇa, déprimé en voyant tous ses généraux mourir sur le champ de bataille arriva sur le front. Une avalanche de flèches sifflait de tout côté. Rāvaṇa avait sur lui un vaste éventail d'armes divines, dont le *tāmasāstra*, l'*asurāstra* et le *mayadatta māyāstra*, toutes très puissantes et mortelles.

Le Seigneur disposait des armes nécessaires pour détruire ou neutraliser les missiles de Rāvaṇa. Son arsenal divin comprenait l'*aindrāstra*, l'*āgnēyāstra* et le *gandharvāstra*. Les armes défensives aux mains du Seigneur arrêtaient et annulaient chacun des missiles lancés contre lui par Rāvaṇa.

Rāvaṇa avait blessé le corps de Rāma, mais les blessures du Seigneur n'étaient rien comparées aux blessures que Śhrī Rāma infligeait à Rāvaṇa. Vibhīṣhaṇa tua les chevaux de Rāvaṇa, ce qui déclencha sa fureur. Il s'apprêtait à propulser sa lance contre Rāma quand Lakṣhmaṇa lui décocha un torrent de flèches. Courroucé, Rāvaṇa visa Lakṣhmaṇa qui s'effondra sans connaissance.

Śhrī Rāma retira la lance de la poitrine de son frère et ordonna aux singes : « Prenez soin de mon frère. Je reviendrai quand j'aurai tué Rāvaṇa. Son heure est venue. Śhrī Rāma et Rāvaṇa ne vivront pas ensemble en ce monde. »

Même les incarnations divines souffrent lorsqu'elles affrontent et combattent les forces du mal.

53. Arrivée d'Agastya. Hymne à Āditya

Grand-mère continua le récit du *Rāmāyaṇa.* « Śhrī Rāma et Rāvaṇa se bombardaient mutuellement de flèches. L'air retentissait du sifflement des flèches, au point qu'il semblait que c'étaient les nuages qui les faisaient pleuvoir. Le bruit tonitruant des cordes des arcs résonnait dans les trois mondes.

Śhrī Rāma combattait, mais il était inquiet et troublé. Sais-tu pourquoi, Uṇṇi ? »

Uṇṇi répondit : « Parce que Lakṣhmaṇa gisait inconscient sur le champ de bataille, blessé par la lance de Rāvaṇa qui lui avait transpercé la poitrine. »

Grand-mère acquiesça : « Oui Uṇṇi, c'était effectivement pour cela. Même s'il était Dieu, Rāma avait pris un corps humain et était donc sensible aux émotions humaines telles que la joie, le chagrin et la fatigue. Rāma était inconsolable à l'idée que Lakṣhmaṇa gisait inconscient sur le champ de bataille. Il demanda à Sugrīva : « Mon frère est-il mort ? Le chagrin m'accable, mon corps se vide de ses forces, je me sens impuissant et incapable de combattre. »

Le singe nommé Suṣhēna, qui avait tout entendu, répondit : « Ne crains rien, mon Seigneur. Ton frère n'est pas en danger. Il s'est évanoui, c'est tout. » Comme il l'avait déjà fait, Hanumān alla chercher l'herbe *viśhālyakariṇi* sur le mont Ṛiṣhabha.

Hanumān revint quelques minutes plus tard, des herbes à la main. Le parfum médicinal vivifiant des herbes ranima Lakṣhmaṇa. Il se leva, alla voir Rāma et se prosterna devant lui. Le chagrin de Rāma disparut. Lakṣhmaṇa dit : « Ne tarde pas plus longtemps, frère aîné. Tue le monstre ! »

Le combat entre Rāma et Rāvaṇa reprit, un combat rapide et furieux entre deux puissants adversaires. Rāvaṇa restait assis dans son char ; Rāma combattait à terre. Lorsque le sage Nārada se rendit compte que Rāma avait du mal à se défendre et à avancer contre son habile adversaire, il en informa Indra. Indra demanda au conducteur de son char, Mātali, de descendre sur Terre avec son char et d'y faire asseoir le Seigneur. Mātali devait également conduire le char sur le champ de bataille.

Lorsque le char parut sur le champ de bataille, Rāma s'inclina devant le char d'Indra avant d'y monter. Alors commença une lutte terrible. Un orage de flèches s'abattit, les flèches de Rāvaṇa blessèrent grièvement Mātali, ses chevaux et le Seigneur Rāma. Vibhīṣhaṇa s'inquiéta et s'attrista de voir Rāma blessé profondément aux bras et aux jambes et saignant abondamment. Ses forces le quittaient rapidement.

Saisissant cette opportunité, Rāvaṇa s'élança sur le Seigneur avec une lance. Rāma para le coup avec une autre lance qui brisa en deux la lance de Rāvaṇa. Voyant cela, le conducteur du char de Rāvaṇa éloigna le *rākṣhasa* à bonne distance de Rāma. La lâcheté du cocher enragea Rāvaṇa. Le conducteur expliqua qu'il n'avait agi ainsi que pour éviter que la lance de Rāma ne porte un coup fatal à son roi.

Après une trêve, la bataille reprit. L'air était obscurci par une pluie continuelle de flèches. En pleine bataille, le sage Agastya apparut devant Śhrī Rāma. Le Seigneur se prosterna devant le vénérable sage qui lui dit : « Rāma, laisse-moi t'initier au mantra *ādityahṛidaya* qui te permettra d'anéantir l'ennemi et de gagner des honneurs éternels. La récitation quotidienne de ce mantra viendra à bout de tous nos chagrins. Voyons en Āditya, le dieu Soleil, toutes les forces de cet univers et des *dēvas*. Ce mantra divin élimine la maladie et la souffrance. »

Après avoir exposé les glorieuses vertus du dieu Soleil, le sage transmit le mantra *ādityahṛidaya* à Śhrī Rāma. Le Seigneur s'inclina devant le sage, l'esprit clair et rayonnant. Avant de quitter le champ de bataille, le sage accorda sa bénédiction à Śhrī Rāma : « Récite ce mantra et tu anéantiras ton ennemi ! »

Les forces de la Nature sont en essence divines et peuvent vaincre le mal. Méditez sur ces forces divines.

54. Mort de Rāvaṇa. Couronnement de Vibhīṣhaṇa

Aujourd'hui, Uṇṇi arriva dans la salle de *pūjā* avant sa mère et sa grand-mère. Il alluma la lampe à huile devant l'image du seigneur Rāma. Il était impatient d'entendre l'histoire de la bataille entre le valeureux Rāma et le cruel Rāvaṇa. Lorsque sa grand-mère entra dans la salle de *pūjā*, Uṇṇi demanda : « Grand-mère, est-ce que c'est aujourd'hui que Rāvaṇa sera tué ? »

Grand-mère sourit affectueusement à son jeune petit-fils : « Oui, c'est aujourd'hui. Maintenant, Uṇṇi, écoute-moi bien jusqu'au bout.

Mātali, le conducteur du char d'Indra, dirigeait le char avec enthousiasme. Rāvaṇa n'était ni inquiet ni déstabilisé. Sûr de lui, il attaqua. Chaque camp assaillit l'autre d'une pluie de flèches. Rāma brisa le mât du char de Rāvaṇa. Rāvaṇa blessa Mātali et les chevaux. Les grands rivaux employèrent toutes les tactiques de combat, ils se battirent de près et de loin, au gré de leurs affrontements répétés. Il est difficile de décrire le fracas et la clameur de la guerre. Émerveillés et stupéfaits, les êtres célestes regardaient Rāma et Rāvaṇa se battre. Le vent s'arrêta en vol. La poussière qui s'élevait du champ de bataille éclipsait le soleil. La terre trembla. De gigantesques vagues de l'océan se brisèrent sur les côtes. La peur fit même reculer les serpents du monde souterrain.

Le Seigneur Rāma coupa l'une des têtes de Rāvaṇa et la jeta au sol. Étonnamment, Rāvaṇa se fit pousser une nouvelle tête ! Rāma trancha 101 fois les têtes de Rāvaṇa, mais chaque fois, une nouvelle tête apparaissait. Rāvaṇa conserva ainsi ses dix têtes. Le Seigneur Rāma remarqua : « Ses pratiques spirituelles et la méditation lui ont donné une force immense. »

Ils continuèrent à se battre, se lançant mutuellement des flèches. Au fil des jours, Rāma remarqua que la force de Rāvaṇa diminuait. Pourtant, Rāma n'arrivait pas à tuer Rāvaṇa. La bataille dura sept jours. Le septième jour, Mātali s'inclina devant le Seigneur et dit : « Ô Seigneur ! Lance contre Rāvaṇa le *brahmāstra* que le sage Agastya t'a offert autrefois. Rāvaṇa mourra ! »

Rāma prit le *brahmāstra* et remarqua : « Tu as raison de m'y faire penser ! » Il ferma les yeux et médita sur les dieux du Soleil, du Feu et du Vent, enchâssant ces forces primordiales dans le formidable *brahmāstra.* Insufflant la force des montagnes dans la flèche, Rāma la décocha.

Le *brahmāstra* rayonna intensément. Il fila, illuminant la terre au passage. Il transperça la poitrine de Rāvaṇa, se ficha en terre, se lava du sang de Rāvaṇa et revint en volant dans le carquois de Rāma. Rāvaṇa tomba, tel un grand arbre qui s'écrase au sol dans un bruit de tonnerre. »

Ravi, Uṇṇi s'exclama : « Oh ! Rāvaṇa a été mis à mort ! »

Grand-mère dit : « Les *dēvas* en liesse répandirent des fleurs sur la tête du Seigneur. Le soleil brilla de nouveau. La lumière inonda tous les mondes. La brise se remit à souffler. Les sages se réjouirent et chantèrent des hymnes à la gloire du Seigneur Rāma. Les singes jubilaient et célébraient leur victoire.

Mais Vibhīṣhaṇa pleurait sans s'arrêter, inconsolable de la mort de son frère. Rāma le réconforta en lui disant que ses flèches avaient lavé Rāvaṇa de tous ses péchés et qu'il atteindrait le paradis des êtres valeureux. Śhrī Rāma conseilla alors à Vibhīṣhaṇa d'accomplir sans délai les rites funéraires. Maṇḍōdarī, l'épouse de Rāvaṇa, se jeta sur son corps en se lamentant.

Le Seigneur Rāma donna des instructions pour la construction d'un bûcher avec du bois de santal et d'autres matériaux odorants. Le corps de Rāvaṇa fut incinéré en présence de sages et d'érudits vēdiques. Rāma donna également des instructions pour que Rāvaṇa soit incinéré selon le même rituel que pour la crémation des nobles brāhmanes. Rāma consola les femmes *rākṣhasas* endeuillées et les exhorta à rentrer chez elles.

Rāma dit alors : « Lakṣhmaṇa, couronne Vibhīṣhaṇa roi de Lanka ! »

Les rues de Lanka étaient gaiement décorées. Sur fond d'accompagnement musical et escorté par des sages et les *rākṣhasas* restants, Vibhīṣhaṇa fut couronné en grande pompe et proclamé roi et souverain de Lanka.

De la part des *rākṣhasas*, Vibhīṣhaṇa offrit à Śhrī Rāma des cadeaux rares et précieux. Le Seigneur était heureux car il avait accompli sa mission divine : tuer Rāvaṇa. Il embrassa Sugrīva et dit : « Ô Sugrīva, Rāvaṇa n'a pu être tué et Vibhīṣhaṇa couronné roi que parce que vous m'avez aidé, toi et l'armée de singes que tu commandes. De cela, je suis certain. »

Tout le monde regarda avec joie le Seigneur Rāma étreindre Sugrīva, le roi des singes. »

La bataille entre le bien et le mal commença à partir du Trētā Yuga. Le bien finira par l'emporter parce que Dieu est Vérité et Vertu. Telle est la vérité.

55. Rāma accepte Sītā. Hymne de Dēvēndra

Uṇṇi demanda avec inquiétude : « Grand-mère, Sītā Dēvī savait-elle que Rāma avait tué Rāvaṇa ? »

« Écoute-moi bien, Uṇṇi, dit Grand-mère. Dès que Vibhīṣhaṇa fut couronné roi de Lanka, Rāma dit à Hanumān : « Avec la permission de Vibhīṣhaṇa, entre dans le bosquet d'arbres *aśhōka* et informe Sītā que Rāvaṇa a été tué. »

Vibhīṣhaṇa accorda sa permission et Hanumān se rendit au bosquet *aśhōka*. Sītā y était assise, dolente et triste. Hanumān se prosterna devant elle et dit : « Ô Mère ! Le Seigneur a tué Rāvaṇa ! J'ai été envoyé ici pour t'apporter la nouvelle. »

Sītā débordait d'une joie infinie. Son visage s'illumina. La voix empreinte de bonheur, elle dit : « Vāyuputra, je ne peux pas rester loin de lui un seul instant de plus ! Va tout de suite le lui dire ! »

Lorsqu'Hanumān transmit le message de Sītā à Rāma, Il dit à Vibhīṣhaṇa : « Veillez, je vous prie, à ce que Sītā soit baignée, revêtue de beaux vêtements, parée de bijoux en or, et conduite aussitôt ici en carrosse. »

De vieilles *rākṣhasīs* firent la toilette de Sītā Dēvī, l'habillèrent, la parèrent et l'amenèrent devant Śhrī Rāma. Les singes se bousculaient pour apercevoir Mère Sītā. Les gardes du palais les arrêtèrent mais Rāma dit à Vibhīṣhaṇa

de laisser entrer les singes. Il dit : « Que Sītā vienne prendre place à mes côtés afin que tous puissent la voir. »

Sītā descendit du carrosse, s'avança vers son Seigneur et prit place à ses côtés. Le cœur de Rāma brûlait de bonheur, mais sans laisser paraître sa joie, il déclara : « Ô Sītā ! J'ai tué Rāvaṇa et je t'ai sauvée ! Ce n'est que grâce à l'habileté et à l'aide de Vibhīṣhaṇa et des nobles singes que j'ai pu le faire. Je suis conscient de ta pureté et de ta chasteté. Mais tu as vécu un an dans le palais de Rāvaṇa. Un mari peut-il accepter avec amour une femme qui a vécu dans la maison d'un autre homme pendant toute une année ? Tout le monde doutera de ta chasteté ! »

En entendant ces paroles amères, Sītā fut submergée de chagrin. Pleurant amèrement, elle dit : « Tu doutes de moi ? Pourquoi parles-tu ainsi ? Comment un autre homme que toi pourrait-il avoir une place dans mon cœur ? Mon cœur souffre comme s'il avait été transpercé de flèches ! Lakṣhmaṇa, mon très cher frère, prépare-moi un bûcher sur-le-champ. Mon nom a été terni. Même mon noble mari doute de moi. Je n'ai plus envie de vivre. Jeune frère, prépare-moi un bûcher ! »

Lakṣhmaṇa regarda Rāma qui approuva en silence. Lakṣhmaṇa prépara un bûcher. Sītā circumambula Rāma. Les mains jointes en prière, le nom de Rāma sur les lèvres, Sītā Dēvī s'approcha des bûches enflammées en disant : « Ô Seigneur du Feu, si je suis restée fidèle à mon mari en paroles, en pensées et en actes, sauve-moi ! Tu es témoin de tout. Si j'ai, ne serait-ce qu'un seul instant, porté dans mon cœur quelqu'un d'autre que mon mari, révèle la vérité ! »

En prononçant ces paroles, Sītā Dēvī entra dans le feu. Voyant cela, Indra, Brahmā et d'autres *dēvas* apparurent.

Au vu de tout le monde, Agni, le dieu du Feu, apparut au côté de Sītā, rayonnante. Le dieu du Feu dit : « Ô Rāma, je te prie de reprendre ta chaste et pure épouse. Elle ne t'a jamais oublié, ni en paroles, ni en pensées, ni en actes ! »

Rāma répondit : « Ô ma Sītā, j'ai toujours su que tu étais pure et chaste. Mais le monde ne le savait pas. Je t'ai laissée entrer dans le feu afin de prouver ta sainteté au monde entier. Je t'accepte, toi, la femme la plus pure dans les trois mondes ! »

Dēvēndra et les autres *dēvas* qui observaient tout ce qui se passait, chantèrent un hymne à la gloire du Seigneur Rāma. Indra déclara : « Rāmachandra, tout ce que tu désires, je l'accomplirai pour toi ! Je t'en prie, dis-moi ce que tu veux ! »

Rāma dit : « Je désire voir vivants tous les singes morts pendant la guerre qui m'a permis de tuer Rāvaṇa et de retrouver ma Sītā. »

Dēvēndra dit : « Ô Seigneur, que c'est là une noble faveur. Que tous les singes morts retrouvent la vie ! »

À ces mots, tous les singes morts dont les corps jonchaient le champ de bataille s'éveillèrent comme d'un profond sommeil. Śhrī Rāma fut satisfait. Les *dēvas* retournèrent au *dēva-lōka* (la demeure des dieux) après avoir chanté les louanges de Rāma. »

Pour que la paix et la prospérité règnent dans le royaume, il faut que la réputation du roi soit sans tache, que ses sujets le tiennent en très haute estime et le chérissent.

56. Retour à Ayōdhyā

Uṇṇi demanda : « Grand-mère, les quatorze ans d'exil de Rāma étaient arrivés à leur fin, il me semble. »

« Oui. Rāma dit à Vibhīṣhaṇa : « Je pars pour Ayōdhyā aussi vite que possible. »

Vibhīṣhaṇa répondit : « Ô Seigneur ! Tu dois être fatigué après cette longue bataille. Je t'en prie, reste ici avec moi à Lanka, repose-toi et reprends des forces ! »

Rāma répliqua : « Vibhīṣhaṇa, s'il te plaît, ne me pousse pas à rester. Mon jeune frère a juré de se jeter dans un bûcher ardent si je ne revenais pas à temps. Tant que je ne serai pas rentré et que je ne l'aurai pas revu, je ne me laverai pas, ni ne prierai, ni ne prendrai soin de moi d'aucune manière. Je me languis aussi de voir mes mères, mes gurus et le peuple d'Ayōdhyā. »

Vibhīṣhaṇa insista encore une fois. « Accepte mon hospitalité avant de partir. »

Śhrī Rāma dit : « Prends bien soin de mes singes. Fais en sorte qu'ils soient heureux et satisfaits. Je considérerai le respect que tu leur témoignes comme une façon de m'adorer et de m'aimer. »

Vibhīṣhaṇa commanda un *puṣhpaka-vimāna* pour le retour de Śhrī Rāma, Sītā Dēvī et Lakṣhmaṇa à Ayōdhyā. Rāma fit ses adieux. « Vibhīṣhaṇa, sois un roi sage et juste pour Lanka ! Sugrīva, retourne à Kiṣhkindhā ! »

À ces mots, Vibhīṣhaṇa et les singes demandèrent à Rāma : « S'il te plaît, emmène-nous avec toi à Ayōdhyā. Nous avons envie d'assister à ton couronnement en tant que roi d'Ayōdhyā. » Śhrī Rāma les laissa bien volontiers monter avec lui dans le *puṣhpaka-vimāna*.

Tandis que le *puṣhpaka-vimāna* volait en plein ciel, Rāma regardait Sītā avec amour. Il lui montra toutes les terres qu'il avait traversées pour atteindre Lanka : « Regarde Sītā, voilà là-bas la cité de Lanka. Voici le champ de bataille où Rāvaṇa et Kumbhakarṇa furent tués. Voilà là-bas le long pont construit par les singes. Nous survolons maintenant le royaume de Kiṣhkindhā. C'est là que fut tué Vālī. »

Puis, s'adressant à Sugrīva, Rāma dit : « Invite tous tes sujets, hommes et femmes, à venir ! »

Les femmes-singes sautèrent de joie en apprenant que Śhrī Rāma était venu avec Sītā dans le *puṣhpaka-vimāna* et qu'elles étaient invitées à assister à son couronnement.

Le *vimāna* redécolla. Śhrī Rāma montra à Sītā les lieux où il avait erré à sa recherche : « Voici en bas l'ashram de Śhabarī. Là-bas, voilà la rivière Gōdāvarī et juste à côté, c'est Chitrakūṭa. Maintenant, nous voyons la rivière Gangā. Tout près se trouve le royaume de Guha, Śhṛingavēra. »

Sītā contemplait tous les lieux que Rāma lui désignait, elle écoutait en souriant. Le *vimāna* atterrit dans l'ashram du sage Bharadvāja. Ils se prosternèrent devant le sage, un *trikāla-jñānī* qui connaissait le passé, le présent et l'avenir. Le sage bénit Rāma, loua le Seigneur et chanta sa gloire. Le trio divin et son entourage se reposèrent dans l'ashram. Rāma appela Hanumān : « Pars immédiatement pour Ayōdhyā et informe Bharata de notre arrivée. Fais également savoir à Guha que nous sommes en route. »

Hanumān prit l'apparence d'un homme. Il se rendit d'abord chez Guha, pour l'avertir de l'arrivée de Rāma. Puis il alla voir Bharata à Ayōdhyā. Les cheveux emmêlés et vêtu d'écorce d'arbre, Bharata vivait comme un sage et vénérait les *pādukas* (sandales) de Śhrī Rāma placées en signe de sa présence sur le trône d'Ayōdhyā.

Hanumān se présenta, puis il raconta à Bharata tous les événements passés depuis l'enlèvement de Sītā par Rāvaṇa jusqu'à la mise à mort de ce dernier au combat, en passant par l'arrivée du Seigneur à l'ashram du sage Bharadvāja.

Bharata serra Hanumān dans ses bras et informa Śhatrughna que leur frère aîné arrivait. Ils préparèrent tout pour son arivée. Bharata ordonna de dégager toutes les routes que Rāma emprunterait et de les décorer avec des bannières. Bharata attendit impatiemment l'arrivée de son frère. »

On peut évoquer en souriant les moments difficiles et les chagrins traversés dans le passé.

57. Rāma-rājya

Dès qu'ils s'assirent pour écouter l'histoire du *Rāmāyaṇa*, Uṇṇi dit : « Ainsi, finalement, après quatorze ans, Śhrī Rāma, Sītā Dēvī et Lakṣhmaṇa retournent dans leur royaume, n'est-ce pas, Grand-mère ? »

« En effet, Uṇṇi ! Bharata chargea Śhatrughna de faire tout ce qu'il fallait pour accueillir leur frère aîné de retour d'exil au bout de quatorze ans. Les habitants d'Ayōdhyā se réjouirent de la nouvelle. La ville se remplit de gens qui voulaient voir Śhrī Rāma. Les rues et les maisons étaient gaiement décorées.

Les *pādukas* de Śhrī Rāma placées avec dévotion sur sa tête, Bharata se mit en route pour accueillir le Seigneur. Śhatrughna se trouvait à ses côtés. Alors que tout Ayōdhyā regardait et attendait, Hanumān s'écria : « Levez les yeux, regardez ! Voilà le *puṣhpaka-vimāna* qui transporte Śhrī Rāma, Sītā, Lakṣhmaṇa et les autres ! Régalez-vous de la beauté sublime de ce spectacle ! »

Tout le monde inclina la tête et joignit les mains en prière en voyant le Seigneur dans le *vimāna*. Lorsque le *vimāna* se posa au sol, les yeux de Bharata ruisselèrent de larmes. Il courut avec Śhatrughna vers Rāma. Le Seigneur serra très fort ses deux frères qu'il n'avait pas vus depuis quatorze ans. Ils se prosternèrent devant le Seigneur et s'inclinèrent avec amour et révérence devant Sītā Dēvī. Lakṣhmaṇa étreignit Bharata et Śhatrughna. Bharata étreignit Sugrīva encore et encore en disant : « Tu as aidé mon frère à gagner la guerre contre Rāvaṇa et à le tuer. Tu es le cinquième fils de Daśharatha ! »

Kausalyā serra Rāma contre sa poitrine. Le Seigneur Rāma et Sītā s'inclinèrent devant les trois mères. Sugrīva et les autres se prosternèrent également devant elles.

Avec beaucoup de dévotion, Bharata plaça les *pādukas* devant les pieds de Śhrī Rāma en disant : « J'ai gouverné Ayōdhyā avec ta grâce et tes bénédictions pendant les quatorze dernières années. Aujourd'hui, je te rends le royaume. Protège-nous, protège le royaume et cette terre ! »

Les paroles et les actions de Bharata touchèrent et réjouirent tous les coeurs. Puis tout le monde monta dans le *vimāna* et partit pour l'ermitage de Bharata à Nandigrāma. Le Seigneur Rāma ordonna alors que le *vimāna* retourne chez Vaiśhravaṇa, son propriétaire légitime. Rāvaṇa avait volé le *vimāna* à Vaiśhravaṇa. Rāma ordonna au *vimāna* de revenir quand ce serait nécessaire.

Maintenant, Uṇṇi, je vais te raconter le grand couronnement du Seigneur Rāma.

Śhrī Rāma et Lakṣhmaṇa se rendirent auprès de guru Vasiṣhṭha et se prosternèrent à ses pieds. Les mères et les proches des princes ainsi que les premiers ministres les suivirent. Tous, y compris Kaikēyī, supplièrent Rāma d'assumer la royauté d'Ayōdhyā. Le Seigneur accéda à leur requête.

Les préparatifs du couronnement commencèrent. Le Seigneur ôta les vêtements qu'il avait portés dans la forêt et coupa ses cheveux emmêlés. Après sa toilette, il revêtit une tenue en soie digne d'un souverain. Les dames d'honneur royales revêtirent Sītā de splendides atours de soie.

Lakṣhmaṇa and Rāma rayonnait, tel le Seigneur Viṣhṇu et Sītā était à ses côtés, rayonnante telle la déesse Lakṣhmī. Rāma monta dans le char conduit par Sumantra et se rendit au palais. Lakṣhmaṇa et Vibhīṣhaṇa éventaient le Seigneur avec l'éventail de cérémonie turquoise et celui en queue de yak, blanc comme neige. Śhatrughna abritait le Seigneur

Rāma avec le parasol de cérémonie blanc. Sugrīva, Hanumān, Vibhīṣhaṇa et d'autres accompagnaient le cortège royal sur des chevaux et des éléphants. Sītā et Tārā les accompagnaient dans des palanquins portés sur les épaules de puissants guerriers.

Le cortège se fraya un passage dans les rues d'Ayōdhyā. Depuis les toits en terrasse, les femmes profitaient du spectacle de la parade royale. Ayōdhyā était au comble du bonheur !

Le char s'arrêta devant le palais de Daśharatha. Rāma descendit du char et pénétra à l'intérieur. Il se prosterna devant ses trois mères. Vasiṣhṭha escorta Rāma et Sītā jusqu'aux trônes incrustés de joyaux et les fit asseoir dans cette splendeur royale.

Sugrīva et les autres firent l'*abhiṣhēka* au Seigneur avec les eaux de nombreuses rivières sacrées. Les *dēvas* offrirent au Seigneur de nombreux cadeaux. Les *gandharvas* (musiciens célestes) chantèrent des hymnes de louange. Les *apsaras* dansèrent au son de la musique céleste. Le Seigneur Śhiva et le Seigneur Brahmā chantèrent des hymnes à la louange de Śhrī Rāma. Ils le félicitèrent d'avoir tué Rāvaṇa. Une pluie ininterrompue de fleurs tomba des cieux sur le Seigneur Rāma et sur son épouse, la déesse Sītā.

Après l'*abhiṣhēka*, Rāma prit officiellement ses fonctions de roi. Il offrit ensuite aux savants brāhmanes de l'or et des pierres précieuses. Il offrit aux singes de jolies tenues divines. Hanumān reçut des pierres précieuses divines. Ainsi, le Seigneur Rāma se donna beaucoup de mal pour combler de bonheur tous ceux qui étaient là en leur donnant ce qu'ils désiraient dans leur cœur.

Il passa ensuite délicatement au joli cou de Sītā un collier de perles d'une beauté exquise. Sītā l'ôta et regarda Rāma en souriant. Rāma dit : « Dēvī, tu peux l'offrir à qui t'a le plus satisfaite. »

Avec beaucoup de compassion, Sītā Dēvī l'offrit à Hanumān qui se prosterna devant Sītā et le mit aussitôt à son cou.

Rāma bénit Hanumān, son grand dévot : « Puisses-tu vivre sur Terre aussi longtemps que je vivrai ! »

Guha, qui était venu pour le couronnement de Śhrī Rāma, reçut également de nombreux cadeaux de la part du Seigneur.

Hanumān partit ensuite dans l'Himālaya pour y accomplir des pratiques spirituelles. Le Seigneur bénit Sugrīva et Vibhīṣhaṇa et les renvoya respectivement à Kiṣhkindhā et Lanka pour qu'ils règnent sur leurs terres avec sagesse.

Alors qu'il régnait sur Ayōdhyā avec Sītā Dēvī, Śhrī Rāma accomplit des *yajñas* comme l'*aśhvamēdha*.

La paix et la prospérité régnèrent à Ayōdhyā pendant le règne du seigneur Rāma. Il n'y eut pas d'attaque ennemie, pas de maladies, pas de pauvreté ni d'enfants morts en bas âge. Les pluies tombaient au bon moment et les arbres étaient bien soignés. La terre était fertile. Toutes les créatures avaient le visage rayonnant. Un tel pays, Ô Uṇṇi, c'est le *Rāma-rājya*, un royaume d'utopie ! »

Grand-mère prit Uṇṇi sur ses genoux et le caressa. Elle lui dit : « Grand-mère t'a raconté le *Rāmāyaṇa* du mieux qu'elle a pu. Si j'ai fait des erreurs, que le Seigneur Rāma me pardonne. Uṇṇi, as-tu compris l'histoire du courageux Rāma ? Tous les deux, Uṇṇi et Māḷu, vous avez écouté l'histoire avec patience, intérêt et enthousiasme. Grand-mère est très contente. Uṇṇi, quand tu seras grand, il faudra que tu lises le Rāmāyaṇa tel que Vālmīki l'a écrit. Tu le feras ? »

« Oui, Grand-mère ! » Uṇṇi serra sa grand-mère dans ses bras et l'embrassa tendrement. Tous trois, Uṇṇi, Māḷu et Grand-mère, se prosternèrent devant la lampe allumée de la salle de *pūjā*.

Écoutez ce qu'Amma dit de Śhrī Rāma :
« Le dirigeant parfait considère que gouverner s'apparente à une ascèse ; c'est adorer le Divin. C'est renoncer à soi pour le bien du monde. C'est parce que le roi Rāma a constamment adhéré au dharma d'un souverain que ses sujets étaient justes, eux aussi. Le Seigneur Rāma imprègne notre vie sociale, nos arts et le cœur des dévots. À notre époque où les dirigeants sont enclins à la corruption, à l'injustice et aux tentations, la vie d'abnégation de Śhrī Rāma est un phare qui dissipe les ténèbres. Lisons le Rāmāyaṇa afin de devenir comme Rāma, afin de devenir Rāma lui-même. Mes enfants, puissiez-vous tous être capables d'y parvenir.

Guide de la prononciation

Voyelles

Les voyelles peuvent être longues ou courtes. Les longues sont normalement deux fois plus longues que les brèves.
a comme a dans armoire, ā comme a, long
i comme i dans Italie, ī comme i, long
u comme ou dans choux, ū comme ou, long
(o et e sont toujours longs en sanskrit)
e comme er dans lever
o comme eau dans beau

Diphtongues

ai comme ai dans paille
au comme ao dans cacao

Semi-voyelles

ṛii exemple : *amṛiita* ; pour le prononcer on ajoute un *i* mais qui doit à peine s'entendre.

Consonnes

Si elles sont suivies d'un h, il s'entend. Ce sont des consonnes dites aspirées.
Les doubles consonnes s'entendent.

Gutturales

Le son est formé dans la gorge.
k comme k dans kilogramme
kh comme kh dans l'allemand *Eckhart*
g comme g dans garçon
gh comme g mais aspiré
ṅ comme n dans Congo

Palatales
Le milieu de la langue touche le palais, la pointe de la langue touche les alvéoles des dents du bas, devant.
c comme tch dans tchèque ; ch comme tchh mais aspiré
j comme dj dans djinn ; jh comme dj mais aspiré
ñ comme gn dans gagner

Rétroflexes
Ce groupe de lettres avec un point en-dessous se prononce en tournant le bout de la langue vers le centre du palais mais en marquant fortement l'aspiration notée par la lettre «h».
ṭ, ṭh, ḍ, ḍh, ṇ

Dentales
La pointe de la langue vient toucher l'endroit au-dessus des alvéoles qui tiennent les dents du haut, devant.
t comme t dans *tube*, th comme t avec expiration
d comme d dans douleur, dh comme d avec expiration
n comme n dans navire

Labiales
p comme p dans pain, ph comme p avec expiration
b comme b dans bateau, bh comme b avec expiration
m comme m dans mère

ṁ un son nasal comme dans bon
ḥ prononcer aḥ comme aha, iḥ comme ihi, uḥ comme uhu
ṣhh comme ch dans chose. Position de la langue comme pour les rétroflexes.
śhh Position de la langue comme pour les palatales.
s comme s dans si. C'est le s français.
h comme h dans *hot*
y comme y dans yoga
r un r roulé dans *Roma, Madrid*
l comme l dans libre
v comme w dans wagon

Le Rāmāyaṇa en une strophe

ādau rāmatapōvanādigamanam
hatvā mṛigam kāñcanam
vaidēhīharaṇam jaṭāyumaraṇam
sugrīvasambhāṣhaṇam
bālīnigrahaṇam samudrataraṇam
lankāpurīdāhanam
paśhcād rāvaṇakumbhakarṇṇanidhanam
ētaddhirāmāyaṇam

Il y a longtemps, Śhrī Rāma partit en forêt.
Il y tua une biche dorée.
Rāvaṇa s'empara de Sītā et tua Jaṭāyu, le rapace.
Rāma et Sugrīva conclurent une alliance,
ainsi fut tué Vālī, frère de Sugrīva.
Ils traversèrent la mer et rasèrent Lanka.
Parmi les morts figuraient Rāvaṇa et Kumbhakarṇa.
Telle est, brièvement, l'histoire du *Rāmāyaṇa*.

www.ingramcontent.com/pod-product-compliance
Lightning Source LLC
Chambersburg PA
CBHW070139100426
42743CB00013B/2759
* 9 7 8 1 6 8 0 3 7 9 2 9 7 *